JN164293

定年後でも ちゃっかり 増える お金術

消費経済ジャーナリスト
松崎のり子

はじめに

いよいよ、100歳まで生き続ける人生が当たり前になってきました。

厚生労働省が発表した平成28年簡易生命表によれば、今後90歳まで生きる人の割合は男性が約4人に1人、女性が約2人に1人で、さらに女性のうち約4人に1人は、95歳まで生きるとか。さらに、100歳以上の人口は、2050年には50万人に上るとの推計もあります(国立社会保障・人口問題研究所『日本の将来推計人口』平成29年より)。あと32年後ということですから、現在50歳の人でも余裕で80代になったばかりのころ。これは気が遠くなります。

かたや、いまの定年年齢は60歳から65歳。万が一100歳まで生きるとすれば、老後資金はいったいどうすればいいのか頭を抱えてしまいますよね。世間には、「生活保護を受ける高齢世帯が全体の半数を超えた」とか「老後資金は1億円必要」といった言葉があふれています。お金だけでなく、健康、住まい、介護と、考えれば先行き暗い気分になるばかり。

でも、不安に押し潰されるのはちょっと待って。

周囲を見回すと、限られた大金持ちだけが老後を過ごしているわけではありませんよね。高齢者の大半は、いままで普通に会社員として働いてきた方々です。自分の親も月10万円に届かないほどの年金暮らしですが、もう毎日が苦しくて、明日のお米も買えなくて……なんて話は聞きません。それなりに楽しんで暮らしています。

大半の人は宝くじには当たりませんし、60歳の時点で現金1億円を持っている人も多くはないでしょう。その全員が、悲惨な老後を迎えるわけではないはず。

となると、くよくよ未来を悲観するよりも、

「もしかして、ごく普通の人でも、まあまあ楽しく老後を暮らせるんじゃないか？」

と考えたほうが正しいのではないでしょうか。

この本は、「**大金持ちではない人たちでも、お金に悩むことなく人生を楽しんで生きるには？**」をテーマにしたものです。

・老後資金として1億円貯めるなんてムリ

・そもそも貯金が苦手

・老後に節約ばかりのギリギリ生活はしたくない

そういう人でも、自然に生活費がスリムになり、お金が手元に残る暮らしに変えることができます。

お金がないと嘆くのではなく、豊かな気持ちで長生きするためにはどうすればいいか、その答えをつづったのがこの本なのです。

老後のお金の不安を消すシンプルな方法

とはいえ、ただぼんやりと定年を迎える日を待っていても、めでたしめでたしというわけにはいきません。特に、こんなふうに考えている人は要注意です。

- 自分たちは年金がそこそこもらえる逃げきり世代だ
- シニアになれば特に節約しなくても自然に生活費が減るだろう
- 住宅ローンの残りは退職金で一気に返せばいい
- 貯めろと言われても今さら削れるところなんて見当たらない
- これまでの実績があれば再就職にも困らないだろう

人は将来が不安になると、それから逃れるべくつい思考停止しがちです。それが一番まずい態度。いまだからできること、間に合うことがあるのですから、それを考えていくとしましょう。

老後のために何をすればいいかを考えた時、お金の使い方の再チェックは欠かせません。世の中にある老後資金の貯め方を説く本では、「50代になったら定年を見据えて暮らしをスリムにしましょう」というフレーズが必ず出てくるのですが、では**一体どうすれば支出が減らせるのかの細部については、わりと読む人に丸投げなものばかり**です。でも、これまでも節約が苦手で貯まらなかったという人に、このあとは自己責任でというのも不親切。そこで挫折してしまう人も多いのではないでしょうか。

まずこの見直し方について、誰でもできる簡単な方法から始めましょう。これは、多くの貯め達人・節約達人を取材した経験をベースにしています。

というのも、私は「消費経済ジャーナリスト」として活動をしていますが、元々は雑誌編集者。雑誌編集者時代は、貯め上手なスーパー家計や、節約に励んでもお金がなかなか貯まらないザル家計を20年以上にわたって取材してきました。そこで学んだのが、この2つの**家計の違いは、お金の「貯め方」ではなく「使い方」である**ということだったのです。その経験から、普段皆さんがしている消費行動を観察し、ムダなお金の使い方や間違った使い方をなるべく減らすことをお伝えしたいと考え、この肩書で執筆をしています。

お金の使い方には、その人の思考のクセや生き方が表れます。貯まらない人は、お金がどんどん離れていく使い方をしています。だから、いつも手元に蓄えがなく、ないない、と不安なのです。こういう人は、宝くじを当ててもダメ。それより、**自分の使い方の〝芯〟にあるものに気づき、それを修正していけば、自然に家計は変わる**のです。貯められない家計から、努力せずとも勝手に貯まる家計へ。老後に向けてのお金の見直しは、まずここからスタートしましょう。

もともと、私自身が20代の時に「一生、楽しく遊んで暮らしたい」と考えていた人間でした。そのため、貯蓄で種銭を作り、それを不動産で運用して、いつかは離島を買って気ままな島暮らし――と夢を見ていたのですが、バブル崩壊とともにその夢は終了。ただし、その時に身につけたスリム生活術のおかげで、将来にあまり不安を持ったことがありません。

いまの年金モデルでは夫婦二人暮らし世帯で月に約22万円支給と言われていますが、18万円くらいでも大丈夫じゃないかと思っています。老後資金分の貯蓄もキープし、また、長く働くために早めに会社を辞め、現在は自分のペースで仕事をしています。いまから老後と同じ暮らしをしているようなものです。

誰でも豊かなシニアになれるヒント

お金に困らない老後とは、割と単純なこと。毎月きちんとお金が入ってきて、そのお金で十分楽しく暮らせばいい。その入りと出の釣り合いが取れないから、人は不安になるのです。

この入りと出の天秤がきっちりつじつまが合っていくように整えていくと、大金持ちでなくても豊かなシニア生活が送れるというわけです。

よく、「一度上がった生活レベルを落とせないから、年金暮らしは赤字になる」と言われますが、上がったのは、レベルではなく出費です。年収が上がるにつれ、「この程度はいいだろう」という甘えた出費が増えてきたことが問題。その中には、本来払わなくてもいいお金やムダなお金もたくさん潜んでいます。それに気がつくだけで、暮らしは簡単に変わるのです。

無理なく暮らしを変えるために、次のステップで進めていきましょう。

ウォームアップ　**お金の使いグセを棚卸しする**

……どこにお金のムダが潜んでいるのか洗い出す方法をお伝えします。

ステップ1　**「勝手に貯まる生活」に変える**

……これを減らすだけで貯まる生活になれる4項目を解説します。

ステップ2　**国からもらえるお金は余さずもらう**

……老後にもらえるお金はいくらあるか、「入り」のお金を知ります。

ステップ3　**お金持ちより〝応〟金持ちになる**

……前段までで、スリム化された支出＝「出」と、もらえるお金の「入り」がわかったところで、過不足のない生活のためにはあといくら貯めればいいいかを割り出します。

ステップ4　**稼ぎ力を積み立てる**

……お金と気持ちの余裕を生み出すために、シニアらしいペースで働きつづける準備をします。

あと約40年後には、日本の人口の４割を65歳以上の人が占めるだろうと言われています。猛スピードで進む長寿化・高齢化社会では、65歳はもはやリタイア世代とは言っていられません。私たちは、これまでになかった新しいシニア像を作る使命を負っているとも言えます。その長い長い老後をお金の不安から解放されて楽しく生きていくために、いまから準備を始めようではありませんか。

CONTENTS

【ステップ4】稼ぎ力を積み立てる

本書で紹介するデータ・情報及び制度は、２０１８年4月現在のものに基づいています。本書はあくまで情報提供を目的とし、特定の金融商品などを推奨するものではありません。情報の利用の結果としてなんらかの損害を被ったとしても著者及び小社は一切の責任を負いません。金融商品の選別についてはご自身の判断でお願いいたします。

【ウォーミングアップ】

お金の使いグセを棚卸しする

老後の支出はいまの7割、収入は5割？

お金は有限です。入ってくるお金と使うお金の引き算で、手元に残る金額がわかります。同じ収入でも貯まる人は、使う金額を一定以下に抑えるためのコントロールができる人。なかなか貯まらない、と嘆いている人は、それができないというだけの差です。できない人には、お金がついつい漏れていく穴が開いている、というのが私の考えで、その穴がどこに開いているのかは、お金の「使いグセ」を見ればわかります。別に生活に支障がないなら、好きなだけ使えばいいじゃないかという人もいるでしょう。しかし、そうもいきません。

なぜなら、リタイア後の老後を考えた時、嫌でも収入は減り、使えるお金は限られます。生活のスリム化は避けられません。**いまのうちにお金が漏れ出て行く穴を塞ぎ、不要な支出を減らすこと、そして手元にお金を残すこと、**この2つをマスターする必要があります。

さらに、別の理由もあるのです。

誰もが、老後の生活費はいくらかかるのかという疑問を持ちますが、ファイナンシャル・プランナーなどが試算をする場合、だいたい現在の支出の7割程度で計算することが多いのです。子どもが大学を卒業すれば教育費は減るし、会社員時代の付き合いが減っていくと、これまでかかっていた支出も徐々に圧縮されていくという面もあるでしょう。データを見ても、7割という数字に根拠はありそうです。総務省の「家計調査報告（家計収支編）2017年」から、ひと月にかかる消費支出の額を比べてみると、50代に比べて60代では約8割、70歳以上で約7割の金額に（19ページ参照）。それでも70歳以上でも平均で20万円以上はかかっているのですが。**年金生活に入るころには、現在の生活費の7掛け程度で暮らすのだとイメージしてみて、**それができるかどうか。できそうにないと思うなら、これからスリム化に向けたロードマップを作るべきでしょうね。

それでも、「いやいや、とても減らせそうにない」という人には、別の数字を見てもらいましょう。私たちの年金はこれからいくらもらえるのかという数字です。

自分が受け取れる公的年金の額は、「ねんきん定期便」などでわかります。が、わかっているけどそれはめんどくさいという人のために、大まかな話をしましょう。

国は公的年金の給付について、「所得代替率」という目安を設けています。これは、年金を受け取り始める時点（65歳）における年金額が、現役世代の手取り収入額（ボーナス込み）と比較してどのくらいの割合かを示すもので、現在はおよそ6割ほどになっています。国は所得代替率50％を、年金の給付水準として維持したいと考えてきました。平成26年に行われた財政検証（国がこの先もちゃんと年金を払えるかを、会社員と専業主婦世帯をモデルケースにして計算してみること）の結果では、この先、年金保険料を払ってくれる現役世代が増え、順調に経済が伸びて行ければ、この給付割合は50％以上を維持できますが、経済も成長せず賃金も上がらないとなると40％台にもなるとされています。将来の年金は、現役世代の人の給料の4～5割の水準になるかもしれない、と考えると、やはり使いたいだけ使っている生活を続けることはリスキーなのです。

しかし、やみくもに支出を減らそうと節約しても、ストレスが溜まりリバウンドするのが関の山。リバウンドしないスリム化のためにも、**「使いグセ」の棚卸し**からスタートするとしましょう。

高齢者になっても支出は高止まり？

総務省が発表している「家計調査報告（家計収支編）2017年」のうち、2人以上の世帯の家計データから、老後のお金の使い方をのぞいてみましょう。世帯主の年齢別に消費支出を見てみると、40歳未満の世帯は25万6160円、40～49歳の世帯は31万5189円、50～59歳の世帯は34万3844円、60～69歳の世帯は29万84円、70歳以上の世帯は23万4628円（1ヵ月の平均の金額）。50代の数字をベースにすると、60代では約8割、70歳以上で約7割ということに。それでも70歳以上でも平均で20万円以上はかかっているわけです。

世帯主の年齢別消費支出額

世帯主の年齢階級別家計収支

（2人以上の世帯のうち高齢無職世帯）－2017年－

年齢	60～64歳	65～69歳	70～74歳	75歳以上
収入	166,303	221,438	206,652	201,024
（うち年金など）	98,866	180,872	182,596	180,734
消費支出	290,034	264,661	243,416	215,151
税金など	32,550	32,016	29,292	24,747
赤字	▲156,281	▲75,239	▲66,056	▲38,874

（円）

出典：「家計調査報告（家計収支編）2017年」

お金が漏れている、あなたの「使いグセ」の見つけ方

ムダなお金なんて使ってはいないと思っている人にまずやってほしいのが、使いグセに気づくことです。

実は、「節約なんて無意味」というお金の専門家も多いのです。ダイエットに言い換えてみると、食べたい気持ちを抑えて大好きなものを我慢しても、辛いだけだし続かないし、結局大した効果はないということでしょうか。とはいえ好きなだけ食べていれば痩せるはずはなく、大概「ラクして痩せられる」という一発逆転の魔法のメソッドに飛びつきがち。それがうまくいくはずがないことは、誰でも想像できますね。たとえ一気に痩せられたとしても、同時に食習慣を改め、問題のある生活習慣を変えることも必要。そうしなければ結局スリムな体型を保つことはできないのです。

節約を成功させるのも、同じことです。お金の使いグセに潜む、「ムダ遣いしやすい習慣」を改めれば、自然に支出は減っていきます。消費を我慢するのではなく、なぜ使っているかを考える。すると、必ずしも欲しいものや必要なものだけを買っているわけ

ではない、と気づくはずです。

なくてもいいもの、買わなくてもいいものを、なぜ買ってしまうのか。普段、自分がどんなお金の使い方をしているのか、簡単にわかる方法を3つ紹介しましょう。

①レシートから「お金の使い先」をチェック

家計簿をつけていなくてもできるのがレシートのチェックですが、見るべき点はお金を払ったものや金額ではありません。**どのお店のレシートなのか**です。コンビニやドラッグストアでしょうか。定食屋やファストフード店などの飲食店？ レシートを見ると、**よく行く店はどこなのか、行く頻度はどのくらいなのかなど普段の消費行動が見えてきます。**中には「買いたいものはないけど、つい寄ってしまう」店もあるのでは。用もないのについつい足が向き、目についたものを買う。それは、おなかが空いているわけではないのに、手元にスナックがあるからつい食べてしまうのと同じようなものです。さほど欲しくないものを「ついつい買い」してしまうクセを直すには、その「使い先」に近づかないことが一番。そこに通う回数を1回減らすだけでお金は浮きます。

スーパーに毎日買い物に行く主婦なら、週に1日だけはスーパーに近づかず、家にあるもので作るようにする。それだけで1000円は使わずに済むでしょう。月にすれば4000~5000円。決して小さい金額ではありませんよね。

なお、そもそもレシートをもらう習慣がないという人は、ぜひ今日から受け取るようにしてください。少なくとも1週間、できればひと月分を溜めて、改めてチェックするのが理想です。

②「ムダ遣い家計簿」をつけてみる

家計の支出管理に意識が高い人なら、家計簿をつけているでしょう。最近ではスマホアプリで簡単につけることもできるのでハードルも下がりました。でも、家計簿をつければ自然にムダ遣いが減るとも限りません。**書いたということだけで満足してしまう人が多い**からです。家計簿をつけている人も、家計簿が苦手な人でも、簡単にムダな支出がわかる方法があります。題して「ムダ遣い家計簿」。その日に使ったお金のうち、**「これは買わなくてもよかったかな」「ムダ遣いだったかもしれない」というお金だけを書く**のです。

書いてほしいのは、使用した内容と金額。家計簿をつけている人なら、いつも通りに記入した後、欄外にそれだけ抜き書きを。家計簿をつけていない人なら、手帳の1ページを使ってメモしていくのでかまいません。買ったその日は気持ちが高揚しているのでムダだったという意識は薄いでしょうから、翌日あるいは1週間まとめてレシートを見直しつつ書いてもいいでしょう。

ひと月分がまとまったら、ぜひその「ムダ遣い」を集計してみましょう。自分は毎月いくら余計な支出をしているのかが、それでわかります。

これは、金額だけではなく何に使うお金をムダだと感じているのか、自分の消費メンタルに気づくことも狙いです。あとで述べますが、案外、人付き合いに関わるお金が膨らんでいたり、ストレス解消のために使ったお金がもったいなかったり、たんなる衝動買いとは意味合いが異なる使い方に問題が潜んでいる場合もあります。それをどう改善していくかは先の話として、自分がムダ遣いしている金額が毎月これだけあるのだと「見える化」してみることが、ここでは大事な点だと思ってください。

③「オトク」に乗せられた支出はないか

次は、ムダ遣いという意識がなくて買っている「ムダな買い物」です。その共通項は意外にも「オトク」。まとめ買いで安く買えた、割引クーポンが使えた、送料無料になった。このあたりが要注意ワードです。

「3品セットで買うと10％オフになる」↓必要なものを1品買うつもりが、このフレーズであと2品余計に買っているパターン。値引きになった金額よりも、予定外のものを買った支払いのほうが多いのでは？　お金が貯まらない人の家は、冷蔵庫やクローゼットなどの収納スペースにものがいっぱいであることが多いもの。ものを買えば買うほどお金は出ていきます。たとえ割引になっても、なくてもよかったものを増やすのはオトクな買い方ではありません。

「以前もらった割引クーポンを買い物に使う」↓ドラッグストアやファミレスでレシートにクーポンが印刷されていることがあります。10％引き、20％引きとあるのを見ると、オトクじゃないかと思いがち。でも、よく読むと2000円以上の買い物をした場合につき、などの利用条件が書いてあることも。さらに、クーポンにはたいてい有効期限があるため、欲しいものを買うというより、この割引の権利がもったいなくて、お店まで出かけていくのです。**いま買う必要があるかということよりも、クーポンを使うことが目的になって、実はしなくてもよかった支出をしてしまう**のです。

ついうっかりお金を使ってしまう行動とは?

節約しているつもりが、よく考えると余計にお金を使ってしまった――そんな経験は誰にもあるもの。他にも、うっかりこんな行動をしていないかチェックしてみましょう。

セールで半額品を見るとつい手に取ってしまう
その商品が本当に欲しいのか、割引の大きさに惑わされていないか、冷静にジャッジ。

期限切れ間近のポイントがあると欲しいものがなくても買い物してしまう
「カード会員様だけの優待期間あり」のDMも同じ手法。期限を区切られると、不要なものも買ってしまいがち。

「30日間返品は自由」という通販なら安心
返品できると聞くと、購入のハードルが下がるもの。実際には返品が面倒になる。

「いま申し込めば早割で割引になります」と聞いて、すぐに頼んだ
通販番組でよく聞く「今から30分以内だけオトク」と同様、時間を区切られると、要不要のジャッジが甘くなる。

「当月は利用料無料です」というフレーズで契約をしてしまう
いったん契約すると、そのままずるずる続けてしまう……というケース。

「送料無料になるまで買った」→ネットショッピングではお決まりのフレーズがこれ。「あと3000円買えば送料が無料になります」そうきくと、ほとんどの人が素直に買い物を続けてしまうようです。送料を払う＝ソンすると感じてしまうためですが、本当にそうでしょうか？　大型の家具や、離島に送ってもらうなどでなければ、送料が3000円、5000円とかかることはまずないでしょう。潔く送料を払ったほうが、支払う総額は安く済むことが多いのです。

どうでしょうか、自分の行動で思い当たることがある人は、そこが「お金の漏れる穴」だと気づいてください。「オトク」や「無料」は使わなくていいお金を使わせてしまう、怖い呪文だということです。

使いグセをさらに見えにくくしている2つのブラックボックス

ついつい使ってしまうお金のクセは、普段は見えないところに隠れていがち。そのために、「今月いくら使ったっけ」ということがわかりにくいのです。その最たるものが、「**カード払い**」です。

最近はデパートや専門店だけでなく、スーパーなどの日常の買い物もカード払いをする人が増えています。ネットショッピングを利用している人はカード決済が当たり前でしょう。現金が手元になくても買えるとなると、消費のハードルはさらに下がります。また、nanacoやWAONなど流通系電子マネー、SuicaやPASMOなど交通系ＩＣカードでの買い物も当たり前になりました。これらのチャージを現金ではなく、一定の残高を下回ると自動でクレジットチャージされる設定にしている人もいるのでは。自販機のお茶やコンビニでの軽食を買うのに、小銭も出ず便利だから無意識に「ピッ」と払ってしまいがちです。

しかし、店でカードでサインをしての買い物ならまだしも、電子マネーで済ませる買い物は限りなく重さが軽くなります。現金チャージすることなく、毎日「ピッ」と買い物している人は、お金を払った意識すら薄いのではないでしょうか。さらに、クレジットチャージの場合は金額だけがカードの明細に記載されるため、それを見ても果たして何を買ったのやら思い出せないもの。まさに、お金のブラックボックスなのです。

もう一つのブラックボックスは「**小遣い**」の存在。

「いやいや、ムダなものなんて買っていない」という家計の場合、よくあるのは妻が専業主婦やパート主婦で収入が少ないからと、とくに自分用の小遣いを決めていないというケース。友人とのお茶代や、趣味に使ったお金など、本来小遣いから出すべき支出がいろんな費目の中に巧みに紛れ込んでしまえば、いくら使っているのかが見えなくなります。歯止めがない、ちょこちょこ使いがお金の漏れる穴に！

逆の現象が起きがちなのが共働き家計。お互いに働いていると、お互いの口座に給料が入るため、生活費としてそのお金を出し合うことになります。生活費を出した残りは全額小遣いとして扱ってしまいがちです。問題は、小遣いの中から生活に必要なお金＝家計費をそこから出してしまっている場合。家計費が小遣いに紛れ込んで、これまた見えなくなってしまうのが問題。飲み会代や各人の娯楽費などの個人の支出と、ワイシャツのクリーニング代や夫婦の外食代など家庭用の支出が混じって小遣いから出ていると、お互いの小遣いがブラックボックスになって、結局、月にいくら家計費がかかっているかがわからないのです。これだと、いざどちらかがリタイアして無収入になった途端、家計費の赤字が膨らんでしまうということにも。

お財布を通過しない支払いがたくさんある人、そして小遣いの管理が正しくないと感じた人は、そこにもメスを入れなくてはいけないのです。

でも、やっぱりお金は使いたい！ という人への処方箋

自分のお金の使いグセ、思い当たることはあったでしょうか？「贅沢なんかしていないのに、お金がない」「節約していて削れるお金なんかない」という人こそ、じっくり考えてみてください。これは自分の弱点を知るというのが目的。ムダ遣いを全部やめましょうというわけではないのです。それよりも、**自分はこういう時についい出費してしまうんだという自覚をすることが大事。**それがわかると、お金を使う時にいったん立ち止まる意識が生まれるのではないかと思います。

お金は残念ながらどんどん沸いてくるわけではなく、有限のもの。その有限の枠内で支出を収めるのに必要なのは、やみくもな節約ではありません。使うお金の優先順位をつけることです。私たちの消費は、さほど欲しくなかったものや、どうしても必要でなかったもののためについつい使っていることも多く、その無意識の消費のために本当に欲しいものに使うお金が足りなくなり、それで不満が募ることになりがち。

それは、あべこべですよね。お金は自分が欲しいものに使うべきです。一番欲しいも

のにお金を真っ先に配分し、残りは我慢するという順序なら、不満を感じることは減るでしょう。

まず、一番お金をかけたいものを考えてみる。次に、逆にこだわらなくていいものを考える。お金をかけたいものとかけなくてもいいものがだんだん見えてくると、お金を何に使えば自分がより幸せを感じられるかもわかってくるものです。**なんとなく使っていたらなくなってしまった、ではなく、これにお金を使って幸せだった、という気持ちをたくさん味わうことで、メリハリの利いた消費ができるようになる**のです。

「お金がない」が口癖の人にはお金が寄り付かない、とよく聞きます。

ここまで述べてきたように、「お金がない」という人にないのはお金ではなく、使っている意識。自分がつい使ってしまう場所、状況、手が伸びやすいもの、そうした「使いグセ」を意識してみることで、「お金がない」状況は変えていけるし、自分がかけたいものに優先的にかけることで満足度も高められます。「お金はたくさんはないけれど、これで満足です」と言えるように変われば、たとえ限られたお金だけで暮らすシニアでも、人生を楽しむことはできるはず。大事なのは、気づかないうちに使ってしまうお金を減らすこと。もったいない死に金を生き金に変えて、有意義に使いませんか。

【ステップ1】

勝手に貯まる生活に変える

４つの「減らす」でお金は貯まる

何もしなくてもお金が貯まる、という夢のようなことがあるのでしょうか？
この章では、そんな生活へシフトするためにすべきことをお伝えしましょう。
ポイントは、次の４つを減らすこと。

①「出」を減らす
②「不満」を減らす
③「モノ」を減らす
④「自己負担」を減らす

この４つを減らしていけば、誰でも手元にお金が残り始めます。貯蓄に回すお金が生み出せるようになるわけです。貯蓄下手、節約下手な人こそ「減らす」余地がまだまだある、有望な家計と言えるでしょう。

1 「出」を減らす処方箋

思わず使ってしまう場所はどこ？

「出」＝支出を減らすのは当たり前ですが、減らし方が大事です。

まずは先の章で書いたような「お金の使いグセ」に気づき、それを改めていくことです。復習をしながら、その対策をしていくとしましょう。

前章ではレシートを集めて、お金の使い先をチェックしてもらいました。次に、その中から、ムダだったと思うものを「ムダ遣い家計簿」として書き出してもらうようにしましたね。ここまですると、自分の買い物パターンがわかってくるのでは。

例えば「**買い物がレジャー型**」の人。なんとなく買いが多く、特に目的なく店に入り、そのまま買い物してしまうことが多いなら、物理的にそのお店に近づかないことが一番。よく立ち寄ってしまうコンビニやショップがあるなら、そこにはあえて近寄らない日を作る。1品だけ持ってレジに並ぶのは悪い気がするので、つい買いたくもないのにもう1品……なんて、バカバカしい出費ですから。

目的のない買い物をしないだけで、丸ごとそのお金を浮かせることができます。

次は「**誘われ消費型**」の人。

思っていた以上に外食のレシートが多かった人は、前回の来店の時に「1ドリンクサービス券」や「飲食代から10％オフ」のクーポンをもらったのでは？　これはお客を誘うための撒き餌です。しかも、クーポンを使うためには「一人1品以上料理を注文の場合」などの条件がついているのが普通。足を運んでしまうと、必ずお金を使わせる仕組みになっています。これも、受け取ったらすぐに捨てるのが正解。

また、ネットショッピングの買い物代金が多い人は「ネットショップの買い回りでポイントアップデー」に集中して買ってしまったのではないでしょうか。ネットショップのポイントは、だいたい1％還元ですから、1000円買って10P＝10円分。1万円買っても100円です。5倍までアップしたとしても500円。500円程度のポイントのためにあれこれ買い回って、結果的に必要以上のお金を使うのは賢い行動とは言えませんよね。

本当に必要だというものは、スマホなどにメモしておきましょう。ポイントアップデーになったら、それを見直して、まだ必要だと思うならそこで買い物をする。それなら有意義でしょう。

女性に多いのは「**オトクと錯覚買い型**」。

いわゆる、〝3品まとめて10％オフ〟というパターンがこの典型です。欲しいものが3つないのに、わざわざ3品目を買っている愚かな行為だと思ってください。この先、家計と生活のスリム化が必要になっていくというのに、不要なものまで買っている場合ではありませんよね。必要な2品を買う代金と3品を買って割引になった代金の、数字を比べればどっちが少ないかは一目瞭然のはず。

このタイプの人には、〝お金に枠をはめる〟という方法をおすすめしています。これは、1日に使っていいお金の枠を決める方法です。食費が月3万円なら1日1000円。小遣いが月2万円なら1日666円。それが、自分が使っていい金額だと意識すること。これでは食費が足りないというなら、2日で2000円使っていいと考えてもいいでしょう。

使えるお金の枠が決まっていると、買い物するにも頭を使います。食費でいえば、キャベツが高いからもやしで代用してみようとか、今日安かった食材でメニューを考えようとか、料理のアイデアも広がります。買い物に行く前に冷蔵庫の在庫をちゃんと確めてから必要なものだけ買うようになるので、食材ロスも少なくなり、冷蔵庫もすっきり。しかも、決めた金額内で収まると達成感が味わえ、「案外、この金額だけでやれるじゃないか」と自信もつくことでしょう。

もっとシンプルな方法として、「買い物の最後に1品戻す」という習慣をつけるのも有効です。買い物に行くと、最初のうちはよく考えず「安いし、あってもいいか」と思うものをショッピングカートに入れているものです。夕食の買い物の場合、買い回っているうちにだんだんメニューが固まってくるものなので、最初にカートに入れたものが本当はなくてもいいものに変わっている場合があります。レジに向かう前に、最初のほうに選んだものを見直して、改めて不要と判断したものは棚に戻しましょう。ドラッグストア、100円ショップなどでの細々した買い物でも同様です。

さらに、脳が疲れている時は買い物しないというのがセオリーです。

レジ横に置かれた商品を見て、深く考えずに買ってしまうことはありませんか？　レジに並んでいる時は脳が買い物に疲れている状態なので、要不要のジャッジが面倒くさくなってしまうのです。

この症状の典型として、寝る前にネットショッピングをしている人は要注意。疲れている夜では、深く吟味することなく購入ボタンを押してしまいがちだからです。夜は消費のハードルが下がる魔の時間。「カートに入れる」までにしておいて、本当に買っていいかは翌日の昼間に再考しましょう。

「現状維持がラク」「いままで払ったからもったいない」固定費にメス

とはいえ、こうした日々のお金の見直しだけでは、それほどお金は浮きません。一番効果があるのは、毎月決まって払うお金＝固定費のリストラです。一度見直せば決まった額のお金が減らせるため、支出の圧縮効果が大きいのです。

そこで、買い物グセの次は、習慣グセのお金を見てみましょう。

習慣、つまり〝なんとなく払い続けてる〟というお金はありませんか。例えば、ケータイ電話を買った時に契約したままになっている、ほとんど使っていないアプリ。契約した月は無料になると言われて入ったものの、あまり通っていないスポーツジムやヨガスタジオ。入会特典が欲しくて契約したクレジットカード。例えば、アプリ代が月300円、ジムの会員費が月8000円だとすると、年で9万9600円。これに、カードの年会費が1500円だとすれば10万円を超えてしまいます。一本電話すれば解約できるのに、ずっとそのまま……というものが、毎月毎月お金を食っているのです。

さらに、たちが悪いのが、「ここまで払ってきたのに諦めるのはもったいない」と払い続けているお金。部品が毎月届く組み立てプラモデル、一念発起して始めた資格試験用の教材、この先モノになるかわからない習い事など。これまでかけたお金はムダだったとは思いたくないため、なかなかやめる決断ができません。しかし、ここでやめても、この先もう少し様子を見ても、それまで払ったお金は戻ってはきません。逆に、「もったいない」気持ちが、毎月のお金の漏れとなってダラダラ続くのです。期限を決めて結論を出すか、きっぱりやめるか、これ以上先延ばしはせず、結論を。

このように、使っていないのにずっと利用料を払い続けているお金、いまさらやめられないからとそのままにしているお金。毎月の支払いを見直してそんなお金を発見したら、ぜひ掛け算してみましょう。1年でいくら、3年でいくら、5年でいくら……と計算してみれば、そのもったいなさが身に染みるはずです。

日々の支出を節約してお金を絞り出すのは少々手間がかかりますが、これらの無用な支払いを止めれば、次の月からその金額を浮かすことができます。苦労せずに、家計がスリムになるのです。さらに、浮いたお金を貯蓄の原資に回せば、無理なく貯蓄額を増やすことが可能というわけです。固定費を見直す、そしてこの先はなるべく増やさない。増やすのは支出ではなく貯蓄、と肝に銘じましょう。

毎月払うローンは金利の高いものからさっさと返済

さらに、固定費には、住居費（家賃・住宅ローン）、通信費や公共料金、教育費や習い事のお金、保険料、各種ローンなどがあります。

中でも大きいのは住居費です。賃貸の場合は、徐々に家賃水準が低い物件・地域に移るという方法も。さらに今でも、毎月7万～8万戸ペースで新設住宅が着工されています。しかしこれからは東京都でも人口減少が続くと言われていますし、空き家が深刻な社会問題化していることから見ても、住まいはだぶつく一方でしょう。家賃交渉の余地もあると思われます。**通勤しやすい立地から、老後も住みやすい立地へと発想を切り替えて、住まい先を変えていく**のも一つの方法ではないでしょうか。

住宅ローンを抱えている場合は、リタイア前に返済プランを本腰を入れて検討すべきです。リタイア後の生活コストを考えると、それまでに完済し終えているのが理想ですが、そのために老後の生活費の一部になるはずの退職金や貯蓄を使って一気に返済するのは危険。この先まとまったお金が入ることがなくなるリタイア時代には、手元にある程度の資金を残しておかないと、いざという時に対応できないからです。

住居費を下げる方法として、**退職金の一部を使って返済額軽減型の繰り上げ返済をする**という選択肢もあります。リタイア後でも返していける程度の返済額に下げ、手元には一定のお金を残しつつ、完済を目指すのです。ローンの金利がそれほど高くないなら、慌てて完済するより、貯蓄を取り崩さないほうが安心ですから。

もしカードローンやリボ払いなどがあるなら、その返済を先に考えましょう。金利が15％もあるような借り入れがあると、どんどんお金が目減りします。コツコツ積み立てをしていたとしても、その預金金利をはるかに上回っているからです。ローンは金利が

老後の負担にならないローンに変える

住宅ローンの繰り上げ返済には2種類あります。現役時代は返済期間を短くできる「期間短縮型」を選ぶ人が多いのですが、リタイア後まで返済が残り、毎月の負担が大きい場合は「返済額軽減型」で、無理なく返せる程度に下げるのも方法。

期間短縮型

毎回の返済額はそのままで、返済期間が短縮される

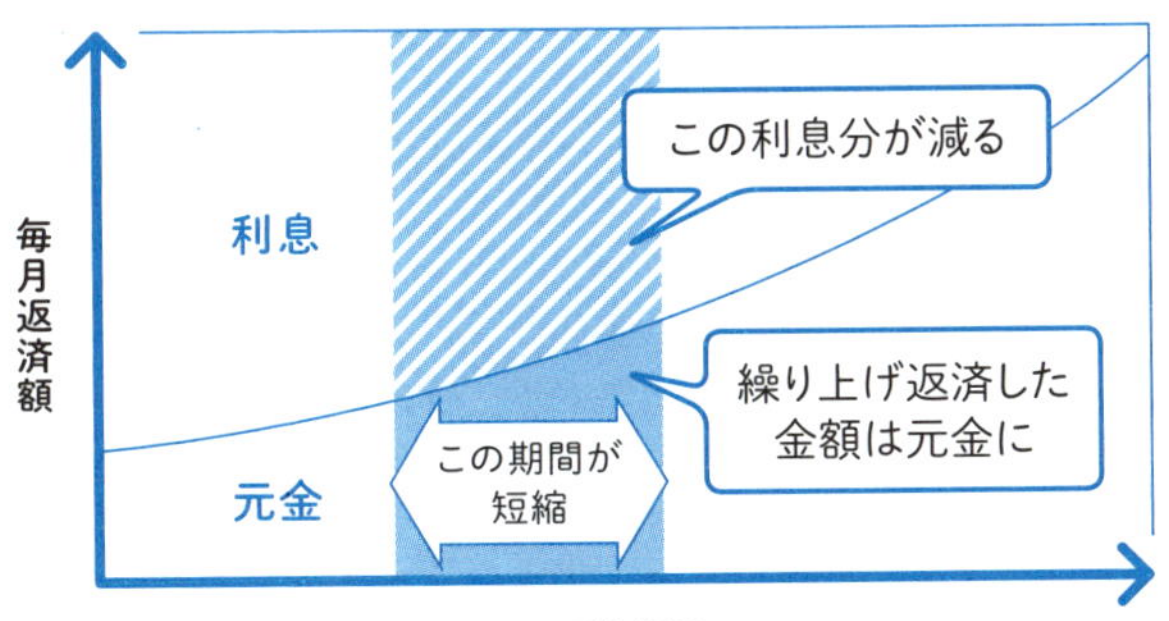

返済額軽減型

返済期間はそのままで、毎回の返済額が少なくなる

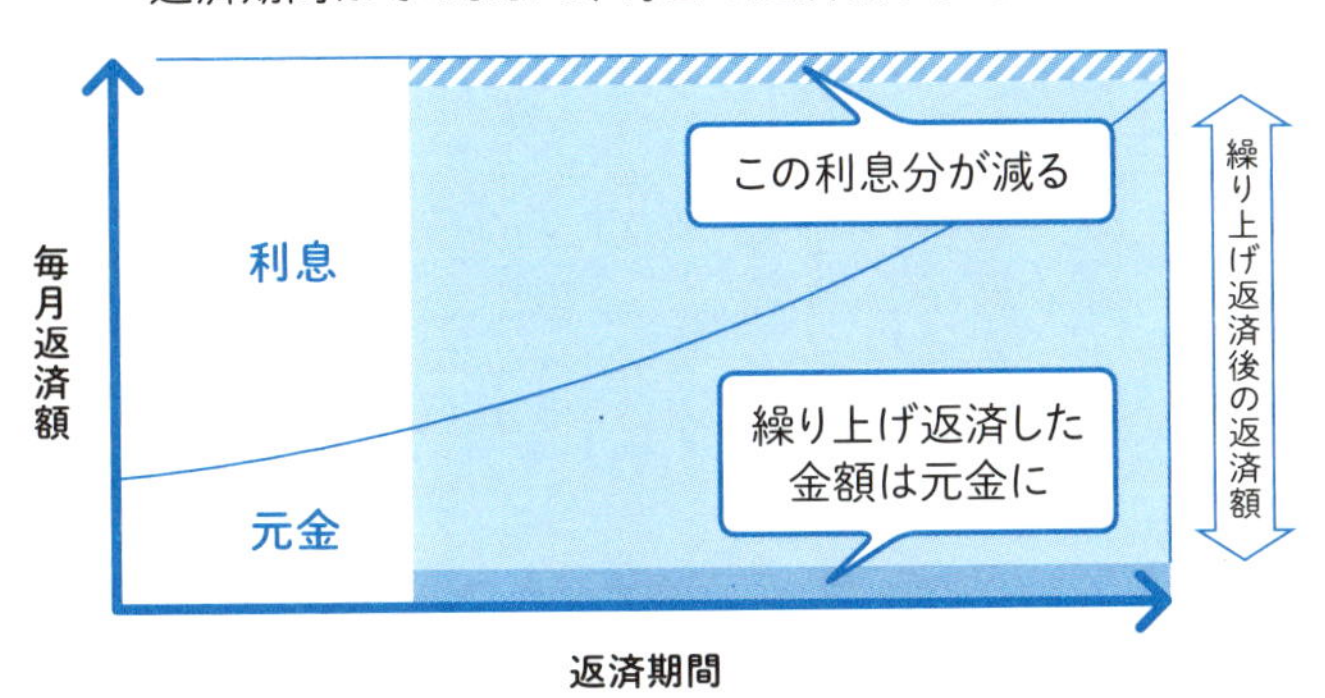

高く返済期間が長いものから先に返し、新しいローンには手を出さないこと。

通信費や公共料金の見直しは、格安サービスがどんどん生まれていますから、うまく利用することが効果的。家計費の中で増え続けているケータイ料金は、格安スマホに変えることで毎月2000円程度に下げることもできます。公共料金は、電力そしてガスの自由化により、様々なプランを選べるようになっています。ただし、目先の割引率には惑わされないこと。在宅率の高い家庭と朝と夜しか家にいない家庭では、使うエネルギーの量も異なるので、我が家のライフスタイルや消費量に応じてプランを選ぶのがポイントです。自由化以降の各社プランは、インターネットの比較サイトなどでシミュレーションできるので、見直しの参考にしましょう。

ただし、**セットプランには注意が必要**。電気とガスと、それにケータイにネットにケーブルテレビに……と様々なサービスがセットになっているプランは、ブラックボックスのようなもの。本当に安くなるのかどうか判断が難しくなります。電気とガスはそれぞれ一番安いところ、ケータイや他の通信サービスも一番安いところ、と選んだほうがすっきりするし、さらに新しく安いサービスが出てくれば単体で乗り換えることも簡単。小回りが利かないセットプランは選ばないほうがベターでしょう。

2 「不満」を減らす処方箋

ストレスはお金と健康の大敵

2番目に減らすもの、それは「不満」、つまりストレスを引き起こす原因です。ストレスと老後が一体どう関係するのか、と疑問に思うかもしれませんね。でも、ちょっと考えてみましょう。

楽しく老後を過ごすのに大事なもの2つと言えば、「お金」と「健康」でしょう。健康でないと医療費などにお金がかかるし、お金がないと健康な生活を維持できないという、まさに裏と表みたいな関係です。健康を害するものにはいろいろありますが、やはりストレスはその大きな要因のひとつでしょう。

例えば、こんなデータがあります。私たちが何らかの障害で働けなくなった時に受け取れる公的なお金に「障害年金」があります。「障害年金受給者実態調査」（平成26年）を見ると、障害年金を受けている人の受給原因では、厚生年金・国民年金の合計で「精神障害」が31％と最も高くなっています。そして厚生年金の障害3級を受けている人では、なんと45・1％、つまりほぼ半数の理由がそうなのです。

厚生年金加入者はおおむね会社勤めの人ですから、仕事や職場の環境や人間関係によるストレスが、先の精神障害による受給者数の増加に影響している可能性が高いでしょう。国も働く人のメンタルヘルスを重視し、ストレスチェックを行うように義務づけています。

働く人のストレスは、並大抵のものではありません。目標数字達成へのプレッシャー、上司・部下そして取引先との人間関係、出世レースや慣れない部署への配置転換……、様々なストレス要因にさらされ、長時間労働の日々を送っていれば、体に不調が起きてもおかしくないでしょう。

特に40代に入ったころから、これまでとは違うなと感じる人が多いようです。20代で就職し、30代では若手から中堅どころへ、そして40代には管理職の肩書がついて部下も増え、背負う責任も重くなっています。とはいえ、まだ中間管理職ですから、部下の不満を受け止めながら上司からの嫌みや叱責にも耐えなくてはいけません。35年で組んだ住宅ローンもまだ完済まで遠いし、どんなにしんどくても会社は簡単には辞められない。子どもの教育費はこれからが本番だし——という、辛い年代だと思います。疲れが溜まっていても、体力は昔ほどない。とはいえ、休むわけにもいかない。働き方改革の声が上がる前の時代に会社勤めを始めた人は、仕事は時間をかけずに効率よくやれと言われても、そのやり方に戸惑うものです。

しかし、ストレスが高じて体に支障が出てしまうと、働けなくなるだけでなく、ケガとは違っていつまで休めば回復できるかはっきりわかりません。休職が長引けば収入も不安になるでしょう。だからこそ、**自分で予兆を感じたら、ストレス元から逃げていい**のではないかと思います。原因は仕事そのものか、人間関係か、それぞれでしょう。自分がストレスを受けていると感じる人は、まじめで手抜きができない人だと思います。社会人としての責任、職場への責任、家族への責任を自覚し、それを必死に果たそうとする人のはず。でも、もしあなたが40代後半から50代だとしたら、「**嫌なことはなるべくしない**」という考えにシフトしても、いいのではないでしょうか。

やり方にはもちろんコツがあります。

多くの案件が重なったら、優先順位をつけて最重要案件から片付ける。優先度の低いものは、隙間時間でゆっくり進めていく。その順位が上がってきたら、その時に集中して進めていけばいいのです。

自分がすべてやらなくては、という責任感に縛られず、周囲にうまく配分することもテクニックでしょう。人は、誰しも有能だと思われたいもの。でも、人には向き不向きもあれば、得意不得意もあります。全方位100%完璧にできる必要はないし、それを100%ジャッジできる上司もまたいないと思います。

「それじゃ、出世できないじゃないか」と思う人もいるでしょう。でも、出世している人は、見るからに人一倍働いていた人ばかりとは限りません。それよりも「あいつ、たいして仕事しなかったくせになんで出世してるんだ?」という声はよく聞くもの。**頑張ることと、出世することは、必ずしもイコールではない**ようです。私の周囲でも、現場で頑張っていた人でそれに見あうだけ偉くなった人は、まあほとんどいないですから。

出世ももちろん大事ですが、自分のメンタルも大事です。しんどいと感じることを少しずつ避けていく人生にシフトしましょう。それが心身を健康に保つことにつながるなら、そっちのほうが人生の最終勝者なのです。

いきなり難聴になった働き盛りの女性たち

無責任なことを言っているようですが、これは自分がストレス性疾患になった体験から学んだ実感です。

40歳を少し越えたある日、突然右耳がおかしくなりました。片方だけが聞こえないのです。仕事は忙しかったのですが、とにかく病院に駆け込みました。

後から聞くと、まったく同じ症状を体験している同年代女性が多いことに驚きました。私がかかった病院でも、先生にこう言われたものです。「この症状を訴える患者さんは、お盆休み明けになるとどっと増えるんですよ。一番いいのは、会社に行かないことなんですけどね」。無理でしょうけどねえ、と先生も苦笑しています。すぐに病院に行ったため、幸い重症化はせずにすみましたが、めまいと耳鳴りはしばらく続きました。特効薬というものはなく、さりとて先生の言うように会社を辞めるわけにもいかないので、仕事のボリュームを減らしてもらうことにしてしのぎました。

気分が落ち込んでしまうメンタル系の疾患もあれば、私のように体のどこかに不具合が出るケースもあります。忙しい職場だったので、ちょっとめまいや耳鳴りがするくらいでは休むわけにいかないと、最初は思っていました。

でも、気づいたのです。ここで頑張っても、会社が病気を治してくれはしないのだと。自分の体を守るのは、自分しかいないのだと。

結局、私は忙しかった当時の職場からまず離れることにしました。その後、自分が本当にやりたい仕事を改めて考えてみて、「お金」に関わる仕事をやっていこう、そのためには役職や年収が、いまより下がってもいいと思ったのです。そう定めたこともあり、私は当時の職場を去り、会社も移り、その後はお金の仕事に特化して働き続けています。

私自身、仕事を最優先すべきというザ・昭和の考え方の持ち主でした。これ以上やれないという仕事でも、はいやりますと言うのが会社員だと働いてきましたが、体を壊してからは「それはできません」と言おうと決めました。できませんという言葉は、自らが無能人間と宣言するようで、かつてなら死んでも口にしたくない言葉でしたが、どんな仕事も自分の健康と引き換えになるものはないのだと、身に染みてわかりました。

できますやりますと言っていた時代から、できませんと言えるようになり、転職後は体調も悪化せずに済みました。会社員としては失格かもしれませんが、**長い人生を考えた時、一番に優先すべきは健康**なのだと悟ったのです。**その健康を守るのは、自分しかいない**ということも。

3つのG「我慢」「頑張り」「義理人情」こそ大敵

一家を支える男性も大変ですが、多様な役割を同時にこなす女性も、非常な重圧に囲まれています。働きながら家事や子育て、50代ならそろそろ介護もと、さまざまな「しなくてはいけないこと」を引き受けている女性も少なくないでしょう。私の周囲でも、まじめで責任感が強く、不条理なことでも耐えている女性はたくさんいました。

私自身は雑誌の編集部にいたので、比較的男女の差なく働いてこられたと思っていますが、同年代の女性も男女雇用機会均等法の施行以降に就職し、男性と同列の働き方を求められ、かつそれをこなさないと認めてもらえなかったという世代。結婚も出産も仕事も——と、フル回転で働いてきた人たちです。

仕事がしんどくても我慢して頑張って、上司に期待され、部下に頼られるとそれに応えなくてはと必死になる、「我慢」「頑張り」そして「義理人情」にがんじがらめになっている女性たち。実際にストレス性の症状を体験しないまでも、なんらかの不調を抱えている人がいかに多いか。私は途中で「逃げてもいいんだ」と切り替えましたが、きっとそうはできない人のほうが多いのだと思います。

しかし、「我慢」「頑張り」「義理人情」というこの3つのGは、人をじわじわ疲弊させていきます。無責任だ、自分勝手だ、不義理なやつだと言われるのが、社会人として何より怖いから、無理をしてでも我慢し頑張り、相手に誠実に応えようとしてしまう。それが大きなストレスの塊になってしまうことがわかっていてもです。

その結果、心身に不調をきたしたとしても、周囲に迷惑はかけられないとますます頑張ってしまい、さらに悪化させてしまうのではないでしょうか。

あえて言わせていただくなら、40歳は第二の成人式、50歳は人生の折り返しだと考えて、その年代に至ったら、この3つのGから解放されてもいいのではないでしょうか。人にどう思われたとしても、大事なのは自分の気持ちが晴れ晴れとしてストレスのないことだと思います。ストレスを抱えていると、発散のために浪費をしたり、体に不調が現れて通院するはめになったりと、お金の上でもマイナスなだけ。

長い人生の後半戦を健康的に暮らすことを考えると、ちょっとだけ自己中心的になってもいいのでは。**40代後半から50代に達した人ならば、我慢しない、頑張るのはやめる、たまには義理を欠いてもいい。そう考えるだけでも、随分気が楽になる**はずです。

ただし、もともと自分の好きなようにのんびり楽しく生きてきた、という人は当てはまりませんから、悪しからずです。

人付き合いにもお金はかけすぎない

病気につながるほどではないストレスも、日常生活には細々存在します。気の進まないお付き合いなどもそれですね。渋々付き合う食事や飲み会に使うお金がいかにもったいないか。勝手に貯まる生活の大敵は、こうした「不満に使うお金」です。

前章の「お金の使いグセ」をチェックした時、付き合いに使っているお金が多かった人は特に注意。食事や飲み会代は、一回ごとに数千円単位でお金が出ていくので、あっという間にお金を食ってしまいます。そうならないためには一定のルールが必要です。

【愚痴を聞いてあげたいなら夜よりランチに付き合う】

友達や同僚に飲みに誘われるままに付き合っていたら、とても貯まる生活は無理。夜だとなかなか切り上げにくいということも。しかもお酒が入ると、感情的になり、話も長くなりがちです。付き合ってあげたいなら、ランチの提案を。金額的にも時間的にもリーズナブルに済ませられるし、話をする本人のほうも冷静でいられるでしょう。

【土産や贈り物は自分の定番を決める】

人に贈るものはこれ、という自分の定番を決めてしまうと、あちこち買い物に行かずに済み、手間とお金の節約になります。私の場合は、珍しいものではなく、ある程度の知名度があるものと決めています。受け取った人が、ああ名前は聞いたことがある、という定番商品を選ぶのがコツ。こういうものは味も価格も安定していて、極端な好き嫌いはないもの。高価なものをいただいても、自分がこれと決めたものをお返しし続ければ、ケチなのではなくスタイルなのだと思ってもらえるでしょう。

出張や旅行先での土産を買う時も、有名な定番のものを買うと決めるとすっきりします。これらはお土産需要をしっかり計算しているので、個数のバリエーションもあるし、職場で配りやすいように箱を省略した簡易包装になっているものもあり便利。お土産選びに個性を発揮する必要はないのです。

【土日はＳＮＳをやめてみる】

フェイスブック、インスタグラム、ツイッター等々、私たちの生活にすっかり根を下ろしたＳＮＳ。便利で楽しい反面、副作用もあります。知りたくなくても他人の行動が目に入ってきて、それが気になってしまうこと。人は社会的な生き物で、人と比べることをやめられないもの。ＳＮＳにあふれる他人のイベントに満ちた人生を見ていると、自分の毎日はつまらないものなのだろうかと不安になります。書き込まれている集まりに誘ってもらえないのかと孤独になることも。そんな気持ちをストレスに変えないために、せめて、休みの日は見るのをやめると決めてはどうでしょう。リア充という言葉のとおり、休みの日はネットの世界ではなくリアル、つまり実際に体験することを優先する。人に見せるための行動ではなく、自分の心が満足できるものを見つける。自分が幸せを感じるのは何をしている時なのか、それを見つけ増やしていけば、リタイア後の趣味づくりにも役に立つでしょう。

人生の半分を越えたら、嫌なことをなるべくせず、したいことだけしていこうと述べました。人付き合いもそうだと思います

もちろん人は人生においての貯金ですから、若いうちは、お金を使ってでも人間関係を広げるべきでしょう。しかし、人生の後半戦が見えてくると、自分でも必要な関係と、なくしてもいい関係が選べるようになってくるはず。愚痴や見栄のためだけの付き合いに貴重なお金を目減りさせている場合ではないでしょう。**人間関係も徐々に断捨離して、どうでもいいお付き合いに使うお金は減らしていく**べき。不満の元になるような人間関係はいらないのです。

お金を使うことは元来楽しいもの。人生を豊かに深めてくれる使い方が本流なのです。気晴らしのために使われるお金が多いということは、人生の満足度を引き下げていることになります。二重にもったいない使い方なのです。

ストレス発散用にこんなに使っているという金額を書き出せば、そのもったいなさが身に迫ってくるでしょう。残念なお金を減らすために、自分を取り巻く様々なストレスの元凶からできるだけ遠ざかることから始めてはどうでしょうか。

3「モノ」を減らす処方箋

貯まっている家はものが少ないという原則

3番目に減らすのは「モノ」。

雑誌編集者として節約達人の家を取材していたころ、気づいたことは、**貯めている人の家にはものが少ない**ということです。リビングはすっきり広々、キッチンはまるでモデルルームのようにぴかぴかで、食器や鍋も表に出てはいません。これはある意味当然で、細々とものを買わないからこそ部屋は散らからず、そしてお金も残るというサイクル。さらに、一度すっきりきれいな状態の快適さを知ると、それをキープしたくなるものですから、むやみやたらに買い足すことはなくなります。お金とモノのいい循環が生まれるというわけですね。

とはいえ、持っているものを捨てるというのはハードルが高い人も多いと思うので、まずは不要なものをうっかり買ってしまうのを防ぐことから始めましょう。

すぐできることとしては、**自宅の部屋の写真を撮る**こと。

各部屋の写真を撮ると、自分の目で見ている以上にどれほどのモノがあるかが客観的にわかります。多くの人は、とてもすっきりとは言えない、という感想を持つのではないでしょうか。買い物をしたくなったら、その写真を眺めて、「どこに置く?」と自問してみるといいでしょうね。

さらに、バーゲン前におすすめしているのが、**クローゼットを撮影する**こと。とにかく、貯まらない家のクローゼットはパンパンなのが常。雑誌編集者時代に「捨てられないものベスト5」というアンケートを取った時も、いつも上位に上がったのは洋服でした。一度買ったら最後、後々まで処分に悩む代表アイテムだからこそ、入り口を狭くするべきなのです。服を買いに出かける前にクローゼットやタンスをスマホで撮影して、いざ買いたいアイテムが見つかった時に写真を見直しましょう。すでに似たような服を持っていないか、いま買おうとしているアイテムは手持ちの服とあわせやすいのか確認できるので、無駄のない有意義な買い物ができます。

「クローゼットもタンスもぎっしりだから、スマホで撮影しただけじゃ何があるかわからない！」という人はラッキーです。一見して何があるか、自分でも把握できないほど、すでにたっぷり持っているのだとわかったのですからね。

次は、**収納スペースを増やさない**こと。

入れ物、つまり収納スペースがなければものは増やせない。まずは外置き型の収納ケースやボックスを買わないこと。現在の収納スペースで収まる量しか買えないとなると、自然に買い物に慎重になるはず。今後、冷蔵庫の買い替えを考えているなら、あえて少量サイズにするのも方法です。入れる場所が少ないと、かえって余計なものを買わなくて済むのですから。

子どもが小さい時に使っていた整理ダンスや、収納ケースがあるというなら、まずそれから処分するのもいいでしょう。

「割安」とは、モノを増やしてしまう危険ワード

よかれと思ってした結果、お金を貯まりにくくする買い物の仕方が「割安買い」。

コストコや業務用スーパーなどで大袋の商品を見ると、確かに一つ当たりの金額に直すと安いと思えます。でも、**その量が必要かはまた別の話**なのです。

そもそも、割安といっても、それがどの程度オトクかは一瞬ピンと来ないもの。大量になればなるほど、これは買いなのかそうでもないのかのジャッジは難しくなります。例えば、パスタ5キロ入りが870円という値段を見て、いつもの買い物よりどの程度安いのかを、すぐに計算できるかといえばどうでしょうか。

さらに、5キロも消費ができるのかという問題もあります。食べきれない量、使いきれない量を買うと、残念ながら廃棄したり、人にあげたりすることになり、結局払わなくていいお金を払っただけという結果になってしまいます。

また、日用品の大袋や大容量パッケージの場合、在庫があると気が緩み、人間はつい使いすぎてしまうことも。家に何十ロールもトイレットペーパーがあれば節約しようとはなかなか思えないもの。大量に買うと逆に消費するスピードが速まり、早くなってしまうとすれば、安く買った意味がないですよね。

また、大量買いをすると一度に支払う金額が大きいため、お金の管理がしにくくなるという問題も。この大量パックは、ひと月分のまとめ買いなのか、それとも数ヵ月これで持たせるのか、どこをどう節約すべきかわかりにくくなってしまうのです。

三世代家族や子どもが食べ盛りの家、はたまた来客がひっきりなしという家でない限り、割安だからと大量パックの買い物をするのは、得策とは言えないでしょう。特に、これからシニア生活に向けて生活自体をミニマムにしていこうと思うなら、**多めよりも少なめを買い、その中で工夫するクセをつけたほうが将来のためになる**のです。

モノが多いこと自体がストレスになる

ストレスをなくそうという話を先に述べましたが、実は家自体がストレスの原因にもなってきます。ものが多すぎると、探し物がすぐに見つからない、掃除するのも片付けの手間がかかり面倒と、気持ちがイライラさせられますよね。

「断捨離」がブームになったのは、この家ストレスから解放されたいという切望もあったのではないかと思います。特に、シニア世代の関心が高いのは、年を取っていくともの の管理がおっくうになってくるからでしょう。

捨てるというアクションを妨げるのは、ものの要不要を判断するジャッジが難しいから。まだ使えるのに捨てるのはもったいない、親戚からのいただきものだし、思い出があるから捨てられない……と処分しないための言い訳はいくらでも思いつくのですが、捨てる理由はなかなかそうはいかないもの。他人から見るとゴミに見えても、本人には思い入れのある品であることも多いのですから。

ただ、年を重ねるごとに捨てるジャッジをすることも、実際に捨てるための手続きをすることもますます面倒になってきますから、子どもが独立して夫婦二人暮らしになったころには断捨離をスタートさせたいものです。

洋服が少なくなれば、クローゼットの見通しがよくなり、似たような服をうっかり買うことも防げます。買い足すならどんな服が必要かもわかります。リビングにあふれていたものを捨ててすっきりすれば、探し物のイライラも減るし、掃除もずいぶん楽になります。常に床にものがなければ、ロボット掃除機に任せることもできますね。

キッチンも断捨離できるでしょう。オーブントースターがなくてもガスコンロの魚焼きグリルでトーストを焼くことはできます。思い切って処分してしまえばオーブントースターの掃除も不要になります。やかんがなくても、マグカップを使って電子レンジでお湯を沸かすことはできるし、家族の人数が減れば大きな鍋も不要になります。食器も同様です。来客が少ないお宅には、多数のセット食器は不要でしょう。引き出物でいただいたような箱入りの食器が奥から出てくることがありますが、いままで使っていないものは、箱を開けずにリサイクルショップに引き取ってもらうといいですね。

家の中がすっきりすると、気持ちも晴れ晴れしてくるもの。一度ものを減らすことに成功すると、そのすっきり状態をキープしようと考えるので、買い物には慎重になります。本当に必要か、これはどんなシーンで使うのか、これがなくても代替えでなんとかならないか、とあれこれ吟味するので、衝動買いはがくんと減るでしょう。

家のものがどんどん減れば、大きな家からコンパクトな家に住みかえることも可能になります。大きさに比例して、家にかかる様々なコストも減らせることでしょう。ものを減らせばイライラが減り、お金は増える。まさに勝手に貯まる家の出来上がりです。

4 「自己負担」を減らす処方箋

暮らしのコストがぐんと減る制度を大活用

いよいよラスト、ここで減らすものは、「自己負担」のお金です。

65歳以上のシニア層には様々な優待・割引制度が用意されています。これまでも、アクティブシニアと呼ばれる団塊世代（主に1947〜1949年生まれ）を中心にした層がシニア市場を牽引してきました。健康維持のためにサプリメント購入やジム通いに熱心で、学びや趣味にも積極的、フットワークも軽く旅行に出かけていきます。今後、アクティブシニア予備軍には、現役時代にバブル景気を享受してきた世代が続きますから、いっそう消費意欲や行動力にあふれた層が生まれ、各企業もそこに大きな市場を期待しています。

現役世代とシニア世代の大きな違いは、自由になる時間はたっぷりあるということ。そのため、積極的に出かけてもらいたいとレジャー面の優待は充実しています。その知識さえあれば、お金をかけなくてもリーズナブルに旅行したりレジャーや趣味を楽しむことが十分できる世の中なのです。

いまはまだミドル層（50代）という人も、シニアが利用できる様々な制度を知れば、きっと年を重ねた将来が楽しみになってきますよ。

旅行好きが知っておくべき飛行機・JRのシニア割引

ＪＡＬをはじめ各航空会社で60～65歳以上を対象に当日空席があれば割引で利用できるサービスを実施しています。

ＡＮＡ「スマートシニア空割（そらわり）」（65歳以上）は、当日（0時）より、空席を確認の上Ｗｅｂ予約などで利用できます。ＪＡＬ「当日シルバー割引」（65歳以上）は空港での手続きが必要に。※マイレージクラブ会員が対象。

この大手2社は当日でないと利用できませんが、ＡＩＲＤＯ「ＤＯシニア60」（60歳以上）、スカイマーク「シニアメイト1」（60歳以上。ｗｅｂや予約センターにて前日からの予約可能）、ソラシドエア「65歳からのシニア割」（2ヵ月前より）、スターフライヤー「スターシニア」（65歳以上）は、割引価格でしかも予約が可能です。

これらの割引運賃は期間や空港によって異なりますが、正規料金の半額近くになることも。

ただし、自由になる時間が増えるシニアなら、早めに予定を立てて早期割引を使ったり、成田空港発のＬＣＣ（格安航空会社）を使ったほうが自由度が高く、安くすむケースもあります。

飛行機に比べ、価格競争が起きにくい鉄道は、ＪＲのシニア向け会員に登録するといいでしょう。

よく知られているのは、ＪＲの「ジパング倶楽部」（男性65歳以上、女性60歳以上）。まず、日本全国のＪＲきっぷが年間20回まで最大30％割引に（ＪＲを片道・往復・連続いずれか２０１㎞以上利用した場合）。同じ会員サービスがＪＲ東日本では「大人の休日倶楽部ジパング」と呼ばれていますが、同じくきっぷが30％の割引のほか、びゅう国内旅行商品（個人型）が５％割引になり、しかも同行者まで割引されるというのが嬉しいですね。ジパング倶楽部の会員になると限定きっぷも利用でき、ＪＲ西日本では新幹

航空会社のシニア向け割引

当日利用できる割引のほか、常時シニア向け料金を出している航空会社も。ただし、席数には限りがあるので注意。なお、割引料金で利用するには、年齢を証明できる公的書類（運転免許証・健康保険証・住民票・パスポート等）などが必要になります。

航空会社	サービス名称と内容
ANA	スマートシニア空割 満65歳以上のマイレージクラブ会員が対象。当日空席があれば、利用できる。Web予約可能。片道8000円～
JAL	当日シルバー割引 満65歳以上マイレージクラブ会員が対象。当日、出発空港にて空席がある場合に利用できる。片道8000円～
AIRDO	DOシニア60 満60歳以上。搭乗2ヵ月前から予約可能。満65歳以上で、当日空席がある場合に利用できる「当日シニア65」もあり
スカイマーク	シニアメイト1 満60歳以上。搭乗前日から当日まで予約可能
スターフライヤー	スターシニア 満65歳以上。搭乗日2ヵ月前から予約可能
ソラシドエア	65歳からのシニア割 満65歳以上。搭乗日2ヵ月前から予約可能

2018年4月現在

線や特急列車が3割引になったり（ネットで予約など条件あり）、ＪＲ東日本では新幹線や特急列車を含むエリア内の鉄道が4日間乗り放題で1万５０００円というパスも。

その他、ＪＲ四国「四国エンジョイクラブ」（男性60歳以上、女性55歳以上）は、ＪＲ四国と土佐くろしお鉄道の運賃・料金が30％割引になるし、ＪＲ九州「ハロー！自由時間クラブ」（男性60歳以上、女性50歳以上）の会員限定パスは、九州の新幹線・特急列車が1万５５００円（ネット予約での価格）で3日間乗り放題に。

ここで、あれ？　と気づいた人もいるでしょう。女性会員なら50代からＯＫだったりするのです。ＪＲ東日本「大人の休日倶楽部ミドル」なら、男性は50〜64歳、女性は50〜59歳の人が入会でき、ＪＲ東日本・ＪＲ北海道のきっぷが5％割引になります。プレシニアであるミドル世代のうちに会員になってもらって、引き続きその先もぜひ、というＪＲの思惑が透けて見えますね。

ただし、会員になるためには、年会費が必要なものがほとんど。鉄道を乗り継いで楽しむという旅行スタイルに合わないなら、通常のパックツアーで十分なこともあるので、そこはよく検討して利用してください。

JRのシニア会員向け優待サービス

JR共通のジパング倶楽部の割引をベースに、各社が独自に会員向けの乗り放題きっぷやお得なツアーを発売。JR東海は独自の割引制度ではなく、「50+(フィフティ・プラス)」という名称で旅行ツアーを提供しています(男女問わず50歳以上が対象)。

会社名	サービス名称と内容	年会費
JR共通	**ジパング倶楽部** 男性満65歳以上、女性満60歳以上。全国JRのきっぷが年20回まで最大30%割引。JR系のホテル優待ほか	個人会員 3,770円 夫婦会員(2人分) 6,290円
JR東日本	**大人の休日倶楽部ジパング** JR東日本線・JR北海道線が何回でも30%の割引。期間限定乗り放題の会員限定きっぷ、びゅう国内旅行商品(個人型)が、同行者含め5%割引など	個人会員 4,285円 夫婦会員(2人分) 7,320円 ※カード年会費含む
JR四国	**四国エンジョイクラブ** 男性満60歳以上、女性満55歳以上。JR四国と土佐くろしお鉄道の運賃・料金が30%割引	1,500円 (JR四国ジパング倶楽部に入会していれば無料)
JR九州	**ハロー!自由時間クラブ** 男性満60歳以上、女性満50歳以上。九州の新幹線・特急列車が1万5,500円(ネット予約価格)で3日間乗り放題など	無料

シニアなら無料でレジャー三昧も！

旅行にまで行かなくても、近場のレジャー施設にもシニア割はあります。動物園や水族館などのシニア料金は65歳から対象になるところが多いようです。また、東京都は毎月第3水曜日を「シルバーデー」としており、65歳以上の人は東京都美術館などで展覧会の料金が無料になるのです。

また、9月15日から21日までは「老人週間」とされています。東京都ではこの期間に都内の各種施設の無料公開・入場割引を行っていて、上野動物園や多摩動物公園、葛西臨海水族園などの施設は60歳以上の人、東京都美術館などは65歳以上の人が無料の対象になるのです。

また、映画の割引もありますね。TOHO CINEMASでは、60歳以上なら、通常大人一人の料金が1800円のところ、1100円で買えます。イオンシネマでは、55歳以上なら1100円で利用できる「ハッピー55（G.G）」を実施。角川シネマでも60歳以上なら1100円で映画鑑賞が楽しめます。なお、夫婦どちらかが50歳以上なら、「夫婦

50割引」を使い、2人分を2200円で見ることもできるので、ミドル世代も知っておきましょう（映画や映画館により割引サービス対象外の場合あり）。

また、子どもや孫と一緒に行きたいテーマパークにもシニア料金は多く設定されています。

東京ディズニーランドは、シニア（65歳以上）ではパスポートが通常の大人料金より700円引き、年間パスポートならなんと1万円引きに。ユニバーサル・スタジオ・ジャパンは、1デイ・スタジオ・パスが、シニア（65歳以上）は大人料金の800円引きです。スパリゾートハワイアンズには、50歳以上から対象になる「平日ミドル」料金があり、なんと大人通常料金の半額で利用できます。

多くのレジャー施設では、シニア割引料金が設定されているので、出かける際は年齢証明ができる身分証をお忘れなく。

また、外出の途中で、観光に使えるクーポンが見つかることも。ドライブで立ち寄った道の駅なら、インフォメーション付近に観光施設の案内とともに、そこで使える割引券が置いてあることがあります。観光案内所でも手に入ることが多いので、ぜひ寄ってみて。また、沖縄や北海道などレンタカーを借りて回る時、オフィスにさりげなく観光スポットで使える割引券が置いてあることも。手続きの合間に探してみましょう。

電車の駅にもさりげなくクーポンが。カタログや小冊子が手に入る配布用のスタンドに、沿線案内の冊子があったら必ず手に取って。沿線内で実施されているイベントの案内とともに、冊子内で紹介されている飲食店で使える割引・優待券が印刷されていることがあるからです。

どうでしょう。シニアライフは、結構忙しそうですね。

ポイント達人ほどお金も貯まる

自分で払うお金を減らすために、一番活用したいのが支払いで貯まる「ポイント」です。収入が右肩上がりには増えていかない世代にこそ、ポイントの存在は重要です。ポイントとひと口に言っても、クレジットカード、ショップ発行のもの、ネット通販で貯まるもの等々、さまざまありますが、中でも**「共通ポイント」を有効活用するべき**でしょう。

そもそも共通ポイントとは、ある店やサービス利用で貯めたポイントを、提携先の別の場所でも使えるというもの。クレジットカードとは異なり、レジでポイントカードやアプリを提示するだけで貯まります。100〜200円の支払いにつき1ポイントが貯まり、1ポイント＝1円として現金代わりに使えるので、うまく使いこなせば家計の大きな助けになります。

共通ポイントでおなじみなのは、Tポイント、Pontaポイント、楽天スーパーポイント、WAON POINT、dポイントなど。ネット通販をよく利用する人なら、前者3つはとても貯まりやすいポイントです。TポイントはYahoo!ショッピングなど、Pontaはじゃらんnet、ポンパレモールなど、楽天スーパーポイントは楽天グループを利用することで貯まります。また、NTT docomoのユーザーなら、ケータイの毎月の利用料に応じてdポイントが自然に貯まっていくし、ソフトバンクのユーザーも手続きをすればやはりTポイントが貯まります。買い物をしなくても、おまけのように毎月貯まっていくありがたいものなのです。

とはいえ、この共通ポイントを使いこなすにはコツがあります。それは、ポイントを現金代わりに使うための道具を手に入れ、使うための準備をすること。

ネットショッピングやケータイ料金で貯めた楽天スーパーポイントやdポイントを、

現実の店舗で使うには、専用カード（あるいはアプリ）を手に入れ、ネット上で利用者IDとカード番号を登録する、いわゆる紐づけが必要です。同様に、ＴカードやPontaカードをコンビニなどで入手した人も、ネット上のサイトで番号を入力し利用登録をしないとネットショッピングに使えません。この手続きを面倒がると、貯める・使う、が一本につながらないのです。この手続きをしないままの人が多いのですが、それは実にもったいないこと。必ずやりましょう。

というのも、総務省の調査によると、ネットショッピングで使う月の平均金額は、２人以上の世帯で８５３５円。うち、50～59歳世帯は１万３２１２円、60～69歳世帯は７３８１円（総務省「家計消費状況調査年報（平成28年）結果の概況」より）。ネットのポイントを１％還元として計算すれば、それぞれ年間１５８５ポイント、８８５ポイントがつきます。また、ネットショッピングでよく利用されているのは旅行関係なのです。じゃらんｎｅｔやYahoo!トラベル、楽天トラベルをよく利用するという人は、ネット上にポイントがどんどん貯まっているはず。それをきちんと利用登録の手続きをすることで、いつもの買い物や外食に使えるようになるのです。

Ｔポイントや楽天スーパーポイントはコンビニやドラッグストアで使えるので、日用

共通ポイントを上手に使ってお金を守る

実際の店舗やネット通販で貯まる共通ポイントは現金代わりに使えるので、貯めっぱなしにせずこまめに使ってお金の目減りを防ぎましょう。最新の提携先情報はHPで確認を。

	Tポイント	Pontaポイント	楽天スーパーポイント	WAON POINT	dポイント
商業施設	ファミリーマート サークルK・サンクス マルエツ TSUTAYA 蔦屋書店 ウエルシア ジョイフル本田 エディオン など	ローソン ローソンストア100 髙島屋 など	デイリーヤマザキ ポプラ ツルハドラッグ ダイコクドラッグ 大丸 松坂屋 など	イオン マックスバリュ まいばすけっと ミニストップ ピーコックストア ダイエー など	ローソン 髙島屋 東急ハンズ ドラッグ新生堂・くすりのハッピー PLAZA など
飲食店	ガスト バーミヤン 夢庵 吉野家 ドトールコーヒーショップ など	ケンタッキーフライドチキン ホットペッパーグルメ 大戸屋 など	くら寿司 マクドナルド ミスタードーナツ ペッパーランチ プロント など	カフェ・ド・ペラゴロ グルメドール など	マクドナルド ペッパーランチ イタリア食堂クッチーナ など
ネット通販	Yahoo！ショッピング など	ポンパレモール など	楽天市場	イオンドットコム	無印良品 マツモトキヨシ など
携帯	ソフトバンク		楽天モバイル		NTT docomo
旅行	Yahoo！トラベル など	じゃらんnet	楽天トラベル		ジェットスター など
GS	ENEOS	昭和シェル石油	出光サービスステーション		

品や食品、酒類もそれで買うことができます。ファミレスや、ハンバーガーショップなどのファストフード店でも使えますから、ポイントをうまく使いこなせば財布のお金を残しておくことができるのです。ポイント達人とは、貯蓄達人への近道でもあるというわけですね。

ただし、**ポイントを貯めることを目的にした買い物はNG**。その順番はくれぐれも間違えないように。

自治体のサービスを利用して健康&学び力アップ

時間がたっぷりあるシニアにとって、混雑した休日に出かけるより、平日の時間を有効に活用したいもの。自治体が運営する平日のカルチャー講座やスポーツ施設のプログラムに参加しやすいのもメリットです。

例えば、大阪府では毎月15日を「アクティブシニアの日」と制定し、〝すべてのシニアが、今の自分より、「より前に」「より広く」「より高く」、できることから「一歩前に」進むきっかけをつくる日〟としています。大阪府立門真スポーツセンターでは毎月この日に、トレーニングやサブプールなどの施設が65歳以上なら1回500円で利用できます。また、この日以外でも、堺市・大東市・羽曳野市などのスポーツ施設でシニア向け割引が利用できます。

東京都でも、港区スポーツセンターは在住の65歳以上の人なら利用は無料に。他の区のスポーツ施設でも、半額～無料で利用できるところが多くあります。

また、区報や市報などの自治体の配布物を見ると、茶道入門講座、パソコン初心者教室などの告知があり、シニア向けの場合は無料または教材費のみというものも。

他にも、住民向けに花の苗や、緑のカーテンづくり用につる性の植物を無料配布したり、コンサートや演劇の住民割引が利用できたりと、知っていると手元のお金を減らさずにすむ情報は、こうした区報や市報をチェックすると見つかるものです。

人生に潤いを与えるためのお金は、大事な支出です。だからこそ、年金収入だけのシニア生活になったら、こうした公的サービスをどんどん使い、暮らしをより外向きにしていくべきです。さらに言えば、利用できる内容は自治体ごとに異なるもの。より手厚い地域はどこなのか、という情報を集めておくことも大切です。**シニア予備軍の人は、いまのうちにそうしたサービスの知識を蓄積していき、いざシニアになった時には、し**

つかり使い倒す。割引や優待を余さず使って自己負担のお金を減らすのが、豊かなシニアライフの鉄則です。

なお、自治体が負担してくれるお金は他にもあります。特に、家をリフォームしたり、耐震の備えをしたりなど、大きなお金を使う際に知っておきたい助成制度については次の章で取り上げますので、あわせて覚えておきましょう。

【ステップ2】

もらえるお金はきっちりもらう

死ぬまでもらえるのが国の年金

泣いても笑っても「人生100年時代」はやってきます。ベストセラーになった『LIFE SHIFT 100年時代の人生戦略』（リンダ・グラットン／アンドリュー・スコット著）によると、2007年生まれの日本人は、半数が107歳まで生きると想定されています。この半数のうち、男性より長寿とされる女性が占める割合はかなりになるでしょう。いったいいくらあれば生きていけるのか、思考停止してしまうのもよくわかる数字です。

お金について考える時、ついやってしまうのが、かかるお金を合計で計算すること。例えば、子どもの教育費に1人1000万円かかると言われるとぎょっとしますが、何も出産時に1000万円必要なわけではありませんよね。老後のお金も同様で、1億円かかると言われるのは、あくまでデータ上の合計金額。1億円の中身を知らないでむやみに悲観することはないのです。

よく言われる1億円は、アンケートや調査の数字によるものです。例えば総務省の家計調査報告（２０１７年）によると、夫65歳以上・妻60歳以上の夫婦の無職世帯の家計支出は月額26万３７１７円。年額で約３２０万円なので、単純に妻が95歳になる35年をかけるとおよそ1億１２００万円ということになりますよね。でも、それってホント？と思いませんか。

うちは27万円もかからない、という人もいるでしょうし、これではとても足りないという人もいるでしょう。それに、夫婦のいずれかが先に亡くなれば、このコストも変化します。１億円かかるかかからないかは、暮らしのコストでかなり変動するのです。そのためにも、前の章で述べたように、家計をスリムにしておくことがどうしても重要になるのです。

さらに言えば、この支出をすべて貯蓄でまかなうわけではありません。きちんと年金保険料を納め、受給条件を満たしていれば、私たちは公的年金を受け取ることができます。民間の個人年金保険よりも優れている点は、公的年金には受給期間の定めはなく、死ぬまで受け取れるということ。特に厚生年金に加入していて、現役時代の収入が多いほど受け取れる年金額も増えるし、共働き家計ならなおさらです。女性が夫の扶養の範囲で働くことには、賛否両論があります。働きたくても働けない事情がある家庭もあれば、税金や社会保険料を払ってまで働くのはソンと思っている人もいるでしょう。

ただし、これからの長寿社会を生きていく女性にとっては、**できる限り働いて自分で厚生年金保険料を支払っていくほうが、老後を考えるとベター**でしょう。

公的年金は2階建て、という言葉を聞いたことはありますか？　10年以上国民年金の保険料を払っていれば誰もが受け取れる基礎年金（老齢基礎年金）をベースの1階部分にたとえ、さらに厚生年金に加入していればその分（老齢厚生年金）が上乗せになるため、合計で2階建てと言われるのです。国民年金（老齢基礎年金）は、現役時代どんなに稼いでいた自営業の人でも、夫に扶養されていた無収入の妻でも、同じ年金額しか受け取れません。厚生年金に加入するとしないのとでは、老後のお金に差が出ることになるのです。

現在パート労働者であっても、従業員数501人以上の大企業で週に20時間以上働いて年収106万円を超える人、中小企業でも年収130万円を超える人は、厚生年金に加入し保険料を払うことになります。例えば月収8万8000円で年収105万6000円働いた場合、毎月8000円（年額9万6000円）の保険料を払うことに。対して受け取れる厚生年金額は20年加入すれば月9700円、40年間加入すれば月1万90

自分がもらえる年金は?

誰でも共通で受け取れる国民年金（基礎年金）は、よく年金の1階部分と言われます。会社員や公務員はそれに加えて厚生年金が受け取れ、それがいわゆる2階部分。さらに、自営業者には任意で入れる小規模企業共済や国民年金基金があれば上乗せに。会社員なら、企業年金がある場合も。専業主婦でも、いまはほとんどの人が就職した経験があるので、その際厚生年金保険料を払っていれば、それに応じた額を上乗せでもらえます。

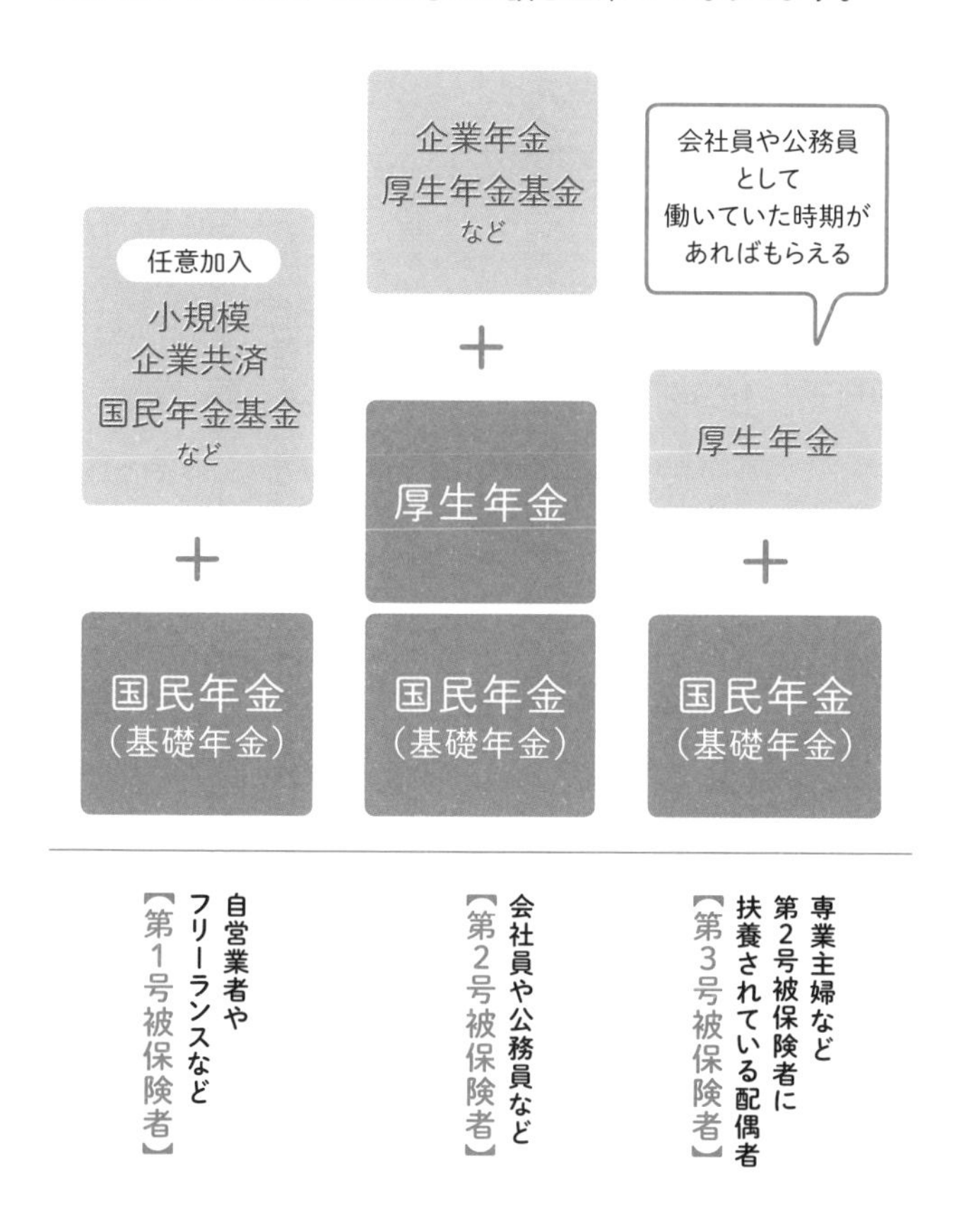

00円に。もちろん働いて収入が増えれば増えるほど、もらえる年金額も増えていきます。

年金が増えるだけではありません。

妻が働いて増えた収入は老後のための貯蓄にすることができます。さらにいえば、**働くことはお金のためだけではなく、生き方の可能性を広げてくれるキャリアの積み立てになる**のです。それ自体が、幸せな老後を叶えるための大きな貯金と言えるのではないでしょうか。

公的年金でもらえるのは5000万円以上？

死ぬまでもらえると言いましたが、では自分はどのくらい年金をもらえるか、ということが何より気になるはず。その金額を知るために手っ取り早いのは、「ねんきん定期便」を見ることです。

「ねんきん定期便」は、国民年金および厚生年金保険の加入者（被保険者）に、毎年の誕生月になると送られてきます。圧着ハガキ（35歳、45歳、59歳の人は封書）に、これまでの年金加入期間や加入実績に応じた年金額が記載されています。

50歳未満の人は、これまで払ってきた金額に基づく年金額なので、思ったより少ないと感じるかもしれません。50歳以上の人には、このまま60歳まで勤め続けた場合に将来受け取れる年金の見込み額が書いてあります。60歳までに会社を辞めたり、転職して収入が変化すると、受け取れる数字も変わります。

日本年金機構の「ねんきんネット」にアクセスすれば、さらに詳細な情報がわかります。50歳未満の人でも、現在と同じ条件で60歳まで年金に加入し続けるという条件を自動設定して、見込み額を試算することもできます。逆に、今後の働き方を変えるとどうなるかというシミュレーションも可能です。ねんきんネットの利用には基礎年金番号と、アクセスキーが必要です。アクセスキーは「ねんきん定期便」に記載されていますが、このキーは3ヵ月で無効になるので、その場合はねんきんネットのサイトから利用登録の申し込みをする必要があります。

パソコンが苦手という人は、年金手帳など基礎年金番号がわかるものと身分証明書類をもって、地域の年金事務所などに相談に行くという方法も。

なお、年金は一人ひとりが受け取るものなので、世帯でいくらになるかを知るには夫婦それぞれの金額を知る必要があります。国が毎年発表する年金受取額のモデルは世帯単位で、妻が専業主婦のケースのため、夫婦ともに厚生年金に加入している共働き家庭だと目安にならないかもしれません。

2018年の数字では、夫が40年間勤務し、平均的な収入が42・8万円だった場合、ずっと専業主婦だった妻との世帯で受け取れるのが22万1277円となっています。妻が共働きでバリバリ稼いでいればこれよりも多くなるし、共働きであってもその収入が少なければこの額に届かないこともあり得ます。やはり、自分で調べてみるほかないのです。

なお、もしモデルケースのように夫婦で月22万円の年金がもらえたと想定すれば、20年で5280万円にもなります。85歳で夫に先立たれたあと、妻が95歳まで生きたとすれば、さらに1600万円ほど受け取れるので、ざっくり6900万円です。たとえ老後に1億円かかるとしても、それをすべて貯める必要はないのです。大きな数字に慄(おのの)いて、そこで思考停止してはいけませんね。

年金を増やすには、5歳年上の共働き妻が最強!?

それなりにお金はもらえそう、というのはわかったとして、**問題は「もらえない」期間があるかもしれないこと**。年金が受け取れるのは原則65歳から（男性で昭和36年4月1日以前、女性で昭和41年4月1日以前に生まれた人は、それより前に特別支給の老齢厚生年金がある）ですから、勤めている会社の定年が60歳だとすると、無収入の期間が5年あるという計算に。

国は、いわゆる「高年齢者雇用安定法」を定め、65歳までの雇用確保の手段として、定年の引き上げ・継続雇用制度の導入・定年制の廃止のいずれかを企業に義務付けています。その結果、60歳ですぱっとリタイア、という人は少ないと思いますが、50代半ばから役職定年などで徐々に収入が減り始め、60歳以降の再雇用ではさらに収入が落ち込みます。30〜50％の給与ダウンになる企業が2割以上、さらに50％以上ダウンするところも2割をゆうに超えるという資料もあります（男性の場合。厚生労働省の調査より。平成26年）。

日本の年金制度は、世帯単位で受け取って生活を成り立たせるという考え方なので、受け取り手側も夫婦で乗り越え方を考えなくてはいけません。先にも述べたように、妻もみっちり働くのが一番なのです。もし、年齢差が5年あるとしたら、共働きであれば収入減のダメージは和らぎます。どちらかが定年になっても、どちらかはまだ現役のままですから。バリバリ働く奥さんが、5歳年上だったとすれば言うことなしですね。夫が先に定年になって毎日家にいて日々の世話を頼られたりすると、妻もおちおち働いていられないかもしれませんが、逆に妻が先に定年になれば、新たにできた時間を使って老後の人生の充足につながるネットワークづくりや、生活の見直しを張り切ってしてくれそうです。

とはいえ、いまさら年の差は変えられないので、別の手段を考えましょう。**受け取る年金額を増やせる簡単な方法があります。「繰り下げ受給」がそれ。**これは65歳から年金を受け取らず、支給開始年齢を先延ばしにすること。現行では70歳まで繰り下げができますが、繰り下げれば繰り下げるほど年金の額が加算される制度です。

増額率は、「繰り下げ月数×0・7%（0・007）」、最大「42%（0・42）」で、70歳まで繰り下げれば42%アップ。さすがにそれは……というなら、1年繰り下げでも

年金を増やしたいなら、こんな方法も

年金は生きている限り受け取れるありがたいお金です。1ヵ月でも年金の受け取り時期を延ばせば受取額を上乗せできるのが繰り下げ受給の制度。また、老齢基礎年金を満額受け取るには40年間の納付が必要。60歳時点でそれに満たない人は、60歳以降でも任意加入を選ぶことで満額の支給が受けられます（厚生年金・共済組合等に加入していない場合）。

老齢厚生年金繰り下げ受給の仕組み

（70歳まで繰り下げたケース）

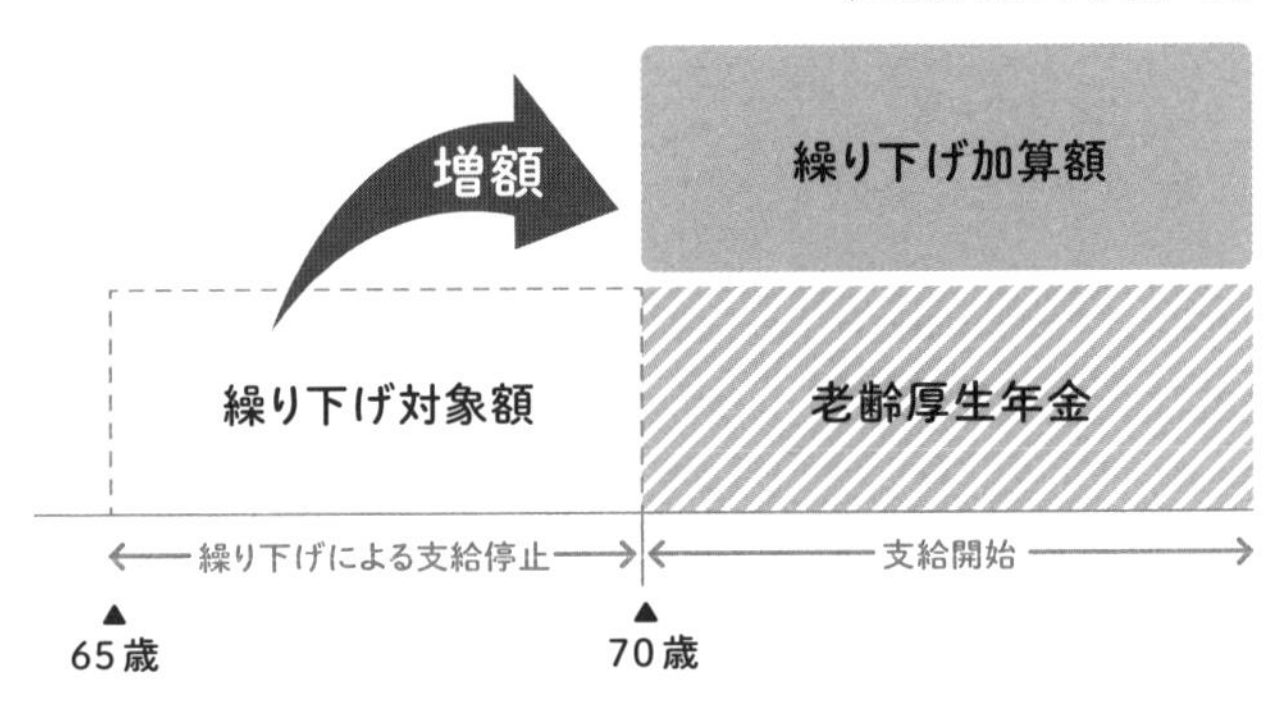

繰り下げ増額率〈月単位〉

請求時年齢	支給率（%）
66歳～66歳11ヵ月	108.4 ～ 116.1
67歳～67歳11ヵ月	116.8 ～ 124.5
68歳～68歳11ヵ月	125.2 ～ 132.9
69歳～69歳11ヵ月	133.6 ～ 141.3
70歳～	142.0

8・4％も増やせます。ゼロ金利の預貯金に比べると、びっくりするような増え方ですよね。

だから、夫（妻）が65歳時点で、年下の妻（夫）が一定の収入を稼げているなら、この繰り下げ制度を使うほうがオトクなのです。1年でも繰り下げれば増えるわけですから、使わないともったいない方法。さらに、老齢厚生年金と老齢基礎年金を別々に繰り下げることもできます。家計の収支を見て、どちらかだけ繰り下げるというのも方法。

ということは、夫と妻が双方働いていて、厚生年金の加入者であれば、次の年金の繰り下げパターンができることになります。

A　夫の年金どちらも繰り下げ、妻の年金だけ65歳から受け取る

B　夫の厚生年金だけ65歳から受け取り、基礎年金を繰り下げる。
　　妻の年金は両方受け取る

C　夫と妻の厚生年金を65歳から受け取り、ともに基礎年金を繰り下げる

様々なパターンが考えられますが、年齢が若いうちは働いて一定の収入を得、金額が

少ない基礎年金だけ受け取り、70歳に近づき、そろそろ働けなくなってきたころに増額した厚生年金を受け取る、というのもありでしょう。どちらにしても、妻も働いて一定の収入があれば、老後のお金の選択肢はこのように広がるのです。

夫に先立たれても遺族年金はもらえる

どんなに仲良し夫婦でも、寿命は異なるもの。平均寿命を考えると、女性が後に残されるケースが多いと思われます。年金は世帯をベースにした支給という考え方、と先に書きましたが、いきなり1人分になってしまうのでしょうか。働いていた妻ならともかく、専業主婦の妻が月6万円程度の基礎年金だけになったら、さすがに暮らしていけませんよね。

安心してください。夫に先立たれても、死亡した者によって生計を維持されていた配偶者は遺族年金が受け取れます。金額は、夫の老齢厚生年金（報酬比例部分）の4分の3です（18歳未満の子どもがいれば、遺族基礎年金も受けられる）。もし、夫が亡くなった時、妻が40歳〜65歳未満で18歳未満の子どもがいない場合、中高齢寡婦加算額58万

450０円（年額）がさらに上乗せされます。

ただし、**年金の大原則は、同じ種類の年金は一つしかもらえない**ということ。妻が自分の老齢厚生年金を受け取っているケースだと、さらに遺族厚生年金をダブルで受け取ることはできません。その場合は、妻自身の厚生年金が優先されますが、自分の厚生年金よりも遺族厚生年金のほうが多かったとしたらどうなるでしょう。その場合は、差額だけ受け取ることができます。

細かく言うと、

①遺族厚生年金と、②妻の老齢厚生年金の2分の1＋遺族厚生年金の3分の2を比べ、多いほうの金額が遺族厚生年金の額になります。この場合、もし妻自身の厚生年金がこれより多ければ支給はストップ、少なければ差額だけが受け取れます。バリバリ稼いでいた奥さんだと遺族年金は受け取れないかもしれませんね。自分の厚生年金と遺族年金の額を比較して、多いなら別にいいかと思えますが、一つだけ落とし穴が。**遺族年金には所得税も相続税も課税されない**ということ。同じ金額の年金を受け取っていても、そこで差が出ることがあるのです。ここが年金の損得勘定の難しいところ。年金を受ける年齢に近づいたら、年金事務所などでいろいろなケースを計算してもらったほう

がいいでしょう。なお、もし妻が再婚すると、遺族年金の支給は受けられなくなりますので、その点も慎重に。

ついでに、よく話題になる熟年離婚の年金分割ですが、これも思い込みで計算しては危険。まず、**分割の対象になるのは、厚生年金の報酬比例部分のみ。**国民年金にしか加入していない自営業の夫の年金は分割できません。さらに、厚生年金加入期間のうち、婚姻していた期間の年金だけが対象。思ったほど多くなかったということも十分あり得るので、行動を起こす前に、こちらも確実な計算が必要でしょうね。

国からもらえる補助金をお忘れなく

シニア生活の助けになるのは年金だけではありません。

老後が近づくにつれ、家をシニアが暮らしやすくリフォームしたり、設備を整えたりする必要が出てきます。家の中に手すりをつける、浴槽や便器などを取り換える、省エネ効率が上がるように断熱効果の高い窓に替えるなど、そういう工事をする際には自治体から助成金が受け取れることが多いのです。

自宅で介護が必要な場合は、介護保険より自宅改修費については補助が受けられます。廊下やトイレ、浴室などへの手すりの取り付け、スロープの設置、洋式便器等への便器の取り替えなどに対し、20万円が上限となっています（1割が自己負担となるため、18万円の支給）。※要支援1・2、要介護1〜5と認定された方が、対象となる住宅改修を行い、必要と認められた場合。

また、自治体が取り入れている省エネ設備の導入への補助金は、介護状況や年齢に関係なくその地区の住民なら受けられますし、空き巣等による被害を防ぐための防犯対策にかかった費用の一部を出してくれる自治体も。東京都港区では、玄関の鍵を防犯性の高いものに替えたり、窓に防犯フィルムを張り付けたり、センサー付きライトの取り付けなどに対し、1万円までの補助金が出ます。

お金をかけずに暮らしやすい住まいを作るためには、こうした補助金や助成制度を知っていないと、どんどん持ち出しが増えていくのです。ただし、これらの**補助金や助成金を利用するには事前に申し込むのが原則**です。後から請求してもお金がもらえない場合もあるので、工事や設備を購入する前に必ず自治体に問い合わせの上、申請を。

なお、高齢者向けに家賃補助がある自治体も。目黒区では65歳以上の一人暮らしの世帯、または60歳以上の人だけの世帯で65歳以上の人を含む世帯向けに、家賃の2割を助成（所得制限、家賃の上限など条件あり）する制度があります。2人世帯だと、月に5000円以上17000円以下が、最長6年間受けられます（申し込みできる期間があり、希望者が多い時は抽選。年度により変更あり）。

「近居」というキーワードにも注目。親世帯と子世帯が、同居ではなく、いわゆる「スープの冷めない距離」に住むことを指しますが、この近居を利用したお金のメリットもあります。

UR都市機構が供給する賃貸住宅で使えるのは「近居割」。同じUR賃貸住宅、あるいは2キロ以内のURに親世帯（60歳以上を含む世帯）と子世帯が住んでいると、家賃が5年間5％減額されるのです（指定エリア内であればUR以外でも対象になる「近居割WIDE」もあり）。

生活コストを下げるために、こうした制度や割引の知識があるとないとでは大違い。特に自治体のサービスには、住民税という形で我々もお金を納めているのですから、利用できる制度はどんどん利用すべきでしょう。ただし、前述したように、こうした制度はアクションを起こす前に申し込みが必要で、後からの請求では対象外になるものが多いことや、予算の枠が決まっていて年度の後半になると受け付け終了になってしまうこともあったり、受付期間が決まっていてその間に申し込みが必要な場合もあるので、そこは注意。持ち家なら自分が住む自治体のサービスを折に触れて調べておくべきですし、賃貸暮らしなら高齢者向けの住民サービスが手厚い地区を選んで住むという選択肢もあるでしょう。

いざという時の保険、もらい損ねていませんか？

もらえるお金のうち、次にチェックしておきたいのは「保険」。自分が入っている保険の内容や保障期間、どんな時に保険金を受け取れるのかを、正しく把握しているでしょうか？

これから老後を迎える世代は、職場に保険会社の営業部員が訪ねてきて初めての保険に入ったという世代ではないかと思います。はるか25年くらいも前のことです。毎月保険料は払っていても、正確にその内容を言える人はまれではないでしょうか。昔の保険の場合、払込期間が55歳までというものも多く、そこで解約してお金を受け取れたり、そのまま運用を続けて年金にしたりできるというタイプに入っていたかもしれません。貯蓄性の高い養老保険に入っていた場合もあるでしょう。満期がいつになっているか、もし覚えていないならすぐに保険証券を探したほうがいいですね。

忘れるほど昔に入った保険があるなら、一度棚卸しをしましょう。

・誰（被保険者）の保険か
・どんな時にお金（保険金）が出るのか
・保険料はいつまで払うのか
・保障される期間はいつまでか
・貯蓄タイプの保険なら満期金はいつ受け取れるのか
・終身保険なら解約返戻金は、いつの時点でいくらか

エクセルなどで簡単な表を作り、わかるところだけでも記入してみます。すると、少なくとも保険料をいつまで払い続けるのかはすっきりするでしょう。

なお、生命保険や医療保険のほかに、火災保険・自動車保険に加入している場合もあ

ると思うので、こちらも更新時には内容を見直すべきです。

火災保険の見直しについては、水災補償の有無が大事です。特に近年は、これまでに体験したことがない猛烈な豪雨によって浸水したり、川の増水で家屋が流されたり、土砂崩れで倒壊したりなどの痛ましい被害が相次いでいます。都市部であっても、低い土地だと浸水の被害に遭う可能性があります。また、地震保険にも必ず加入しましょう。たとえ火災保険に入っていても、地震を原因とする火事はその補償の対象外、保険金は受け取れません。津波や噴火の被害も、地震保険でしか補償されないのです。財産としての家はあるけれど預貯金が少ないという人ほど、いざという時の生活資金を確保するためにも入っておくべき。

いまや日本はどこの地域であっても地震・自然災害に無縁ではいられない時代。住宅がいったん被害に遭うと修繕には大きなお金がかかり、国からの補助金も微々たるもの。住まいを守る保険にはしっかりお金をかけるべきでしょう。

また、最近注目されている「個人賠償責任保険」。他人にケガをさせた、物を壊してしまったなどの賠償責任を負った時に保険金が出ます。たとえば、ペットの犬が誰かにかみついたなんてこともありますよね。この保険がクローズアップされたのは、子ども

加入している保険の表を作ってみよう

親が亡くなった時の大型保障は、子どもが成人したら見直してもOK。これからは病気への備えが気になります。せっかく入っている保険、もらい損ねがないように内容の棚卸しをしておきましょう。また、保障期間と保険料の払込期間は大事。終身で払い続ける保険料が多いとそれだけ老後の生活を圧迫するので、どのくらい払うことになるか計算してみましょう。多すぎるなら整理も必要です。

（家族4人の例）

	保険の対象	受け取る人	保障期間（満期）	毎月の保険料	支払う期間	受けとれるお金
生命保険	夫	妻	死亡時	18000円	60歳まで	1000万円
生命保険	妻	夫	死亡時	2000円	50歳まで	300万円
医療保険	夫	夫	終身	3500円	終身	入院日額1万…
医療保険						
ガン保険						
貯蓄型の保険						

●医療保険やガン保険は保障内容についてもまとめておくと便利

- □ 入院日額は?
- □ 手術一時金は?
- □ 通院保障は?
- □ ガン診断一時金は?
- □ 他にどんな時に保険金が出るのか?

●終身払いの保険料は?（60歳から90歳まで）

［　　　　円］×12カ月×30年＝［　　　　円］

が自転車で60代女性をはねてしまい、重い傷害を負わせた事故に対し、約9500万円の賠償を命じたという裁判がきっかけです。認知症の老人が徘徊し電車事故を起こしたというケースでも、個人賠償責任の範囲かどうかという話がよく出ます。この保険は、火災保険や自動車保険の特約で入っている人も多いので、我が家の保険を見直す際には必ず確認しておきましょう。

賠償額は1億円以上、あるいは無制限など保険会社によって異なりますが、1億円以上がマストでしょう。また、損害をあたえた相手との交渉になるので「示談交渉サービス」「弁護士特約」がついているかも大切。個人賠償責任特約を付けるのは、火災保険でも自動車保険でもいいのですが、この示談交渉サービスが付帯しているものにするのが安心です。

普段使っているクレジットカードにも保険が付帯しています。「ショッピング保険」付きのカードなら、カード払いで買ったものが破損したり盗難に遭った場合に、修理代などの補償が受けられます。自分の持っているカードにこの保険がついていたら、万が一の時にはお金が戻ってくるかもしれません（食品やケータイ、パソコンなど対象外のものもあり）。

自分が加入している保険の内容を正しく知らないと、もらえるはずのお金に気づかないこともあります。保険金はこちらから請求しない限り、親切に保険会社が振り込んでくれることはないのです。そのためにも、**自分が入っている保険の内容を確認し、過不足がないかを見直し、請求もしっかりすること。**せっかく毎月保険料を払っているのに、もったいないですよね。さらに、いまはもう不要だと思う保険を見つけたらリストラもできるので、一石二鳥なのです。

介護のお金は誰が出す？

老後にかかるお金のうち、多くの人が気になっているのは介護に関わるお金でしょう。いつ、いくら、どのくらいの期間かかるのか、それは誰も正確には答えられません。介護保険の要介護（要支援）認定者数は、平成27年度末現在で620万人と前年より15万人増（※）、後期高齢者（75歳以上）になると要介護者の数も一気に増えます（厚生労働省「介護保険事業状況報告」より）。親世代の介護が気になるという人も多いでしょう。※第一号被保険者の数字介護のお金は、介護保険によって給付があります。介護が必要と認定されたら、その認定の段階（要支援1・2、要介護1〜5）によって支給限度額が決まりますが、直接お金がもらえるわけではなく、介護保険サービスを1割の自己負担（一定の所得がある人などは2割※）で受けられるという仕組みです。※65歳以上で本人の合計所得金額が160万円以上あり、かつ年金収入とその他の合計所得金額280万円以上（夫婦二人の場合は346万円以上）

また、この自己負担額には上限額が設定されており、1ヵ月に支払った利用者負担の合計が負担の上限を超えたときは、超えた分が払い戻される「高額介護サービス費」という制度もあります。市区町村民税を課税されていない世帯なら、月2万4600円が、その上限。さらに、医療費の自己負担にも高額になると限度額があるので（高額療養費制度）、2つを合算すると、世帯での負担は31万円（70歳未満は34万円）までになります。※2018年8月より

介護にかかる金額については、「生命保険文化センター」が行った「生命保険に関する全国実態調査」（平成27年）による介護経験者のデータをみてみましょう。

まず、住宅改造や介護用ベッドの購入など一時的にかかった費用の平均は80万円。た

医療費と介護費の自己負担には上限がある

年間にかかる医療費と介護費用が高額な場合、所得に応じた限度額を超えた額を支給してもらえます。ただし、現役並みの所得がある高齢者には、相応の負担が求められるように制度が変わってきています。

高額介護サービス費の自己負担上限

対象となる人	2017年8月からの負担の上限(月額)
現役並み所得者に相当する人がいる世帯の人	44,400円(世帯)
世帯の誰かが市区町村民税を課税されている人	44,400円(世帯)
世帯の全員が市区町村民税を課税されていない人	24,600円(世帯)
上記のうち前年の合計所得金額と公的年金収入額の合計が年間80万円以下の人	24,600円(世帯) 15,000円(個人)
生活保護を受給している人	15,000円(個人)

高額介護合算療養費制度

(2018年8月〜)	70歳以上	70歳未満
年収約1,160万円〜	212万円	212万円
年収770万〜1,160万円	141万円	141万円
年収370万〜770万円	67万円	67万円
一般(年収156万〜370万円)	56万円	60万円
市町村民税世帯非課税	31万円	34万円
市町村民税世帯非課税(所得が一定以下)	19万円	

だし、「かかった費用はない」と答えた人が17・3％、「15万円未満」が13・9％と全体の割合の中でも多くを占めるので、必ずしもお金がかかるとは限りません。

次に毎月かかるお金（公的介護保険サービスの自己負担費用を含む）ですが、1ヵ月当たり平均で7・9万円となっています。割合の分布をみると、「15万円以上」が16・4％で最も多く、次いで「1万〜2万5千円未満」15・1％、「5万〜7万5千円未満」13・8％、「2万5千〜5万円未満」10・2％とのこと。

なお、介護を始めてからの期間（介護中の場合は経過期間）をみると、平均では59・1ヵ月（4年11ヵ月）。介護期間の分布をみると、「4〜10年未満」が29・9％と最も多く、次いで「10年以上」15・9％、「3〜4年未満」14・5％の順となっています。

このデータから計算すると、初期費用で80万円、毎月約8万円となり、4年11ヵ月の介護であれば約553万円。もし、10年間介護が続くと1040万円が必要という目安になります。

あくまで平均からのデータですので、それで足りるとも足りないとも言えないのが難しいところですが、500万円以上は必要だと考えておいたほうがよさそうです。

長寿社会の介護は、何段階にもわたります。夫婦のそれぞれの親、配偶者、そして自

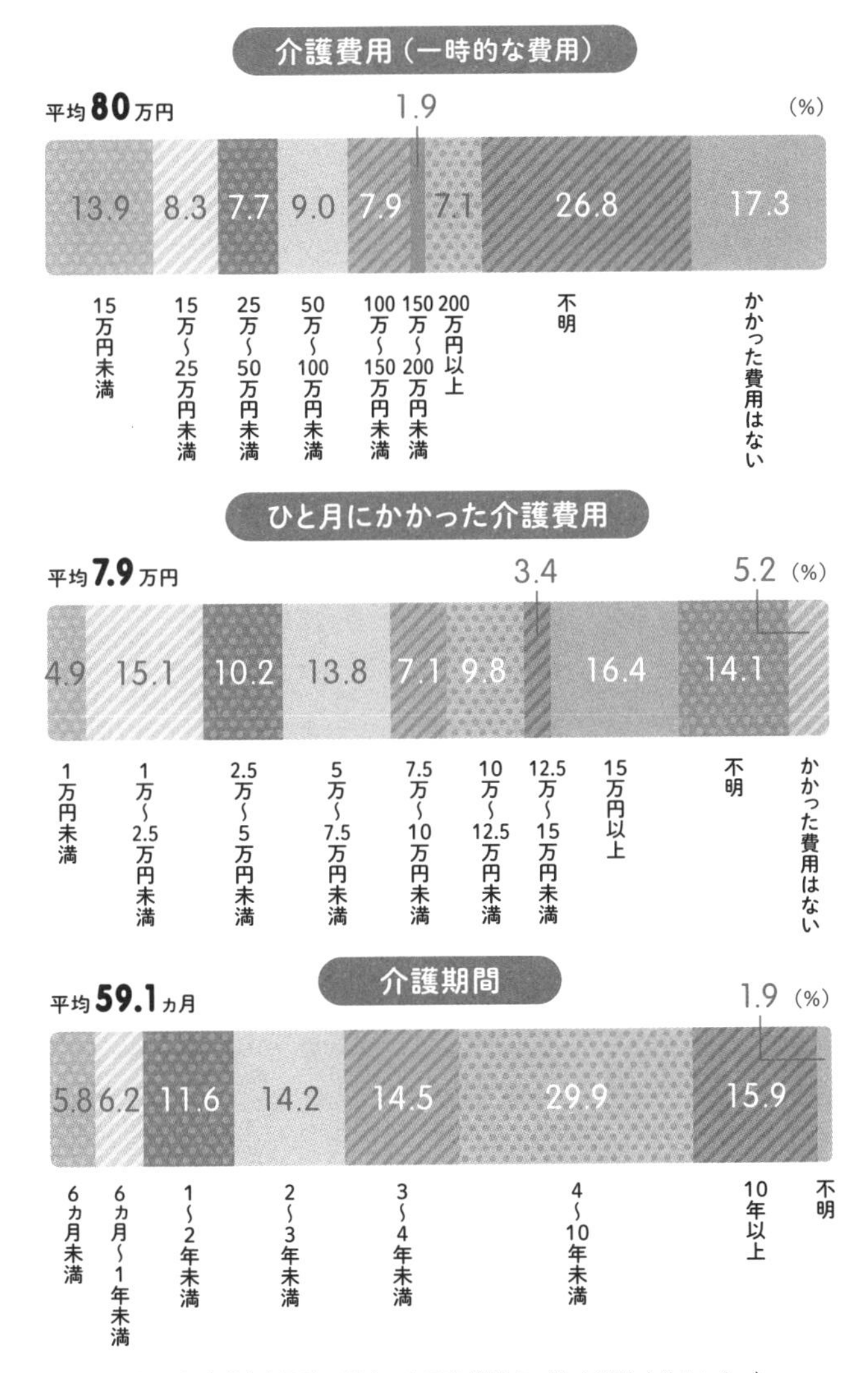

出典：平成27年度「生命保険に関する全国実態調査」（生命保険文化センター）

分自身。すべてを自分たちのお金で済まそうと考えてしまうとパンクします。原則として、**親の介護は親のお金で、自分たちの分は自分たちのお金でまかなう。**親の介護費用を、自分たちの貯蓄から出してしまうと、いざ自分たちがその立場になった時にお金が足りなくなってしまいます。介護という文字が頭をよぎったら、早い段階で親と費用の話をしておくべきでしょう。どんな介護を望むのかによってもかかる費用は異なります。在宅を望むのか、介護施設を望むのか。施設の場合、特別養護老人ホームなどの公共型は待機待ちが多くて入居が難しく、では民間の有料老人ホームや介護サービス付き高齢者向け住宅を選ぶ場合の費用は——など、親の希望を聞きつつ、かかるお金について共通の認識を持っておく必要があるのです。

この先訪れるかもしれない自分たちの介護を考えると、子どもや孫世代にお金を使いすぎるのも危険です。特に、孫の習い事や学費を出してあげたいという気持ちは美しいのですが、老後資金や介護費用がそれで足りなくなってしまったら本末転倒。逆に子ども世代に負担をかけることになりかねません。

もらえるお金はしっかりもらい、その分支出を抑えてしっかり貯めること。それこそが、幸せな老後への必要条件なのです。

【ステップ3】

お金持ちより〝応〟金持ちになる

60歳までに1000万円は案外カンタン

ウォーミングアップでお金の使いグセを見つけ、ステップ1では減らせないと思っていた出費がスリムになる思考法について紹介しました。ステップ2では、もらえるお金の総チェックをしましたね。もし、受け取れる年金の範囲で、スリム化した支出が収まれば一安心。

いやいや、それは無理、まだ足りないとなれば、やはり老後資金を貯めなくてはいけません。

この章では、**シニア生活に向かってどうすればお金が貯まるか**に進むとしましょう。

そのために必要なのは、いつまでに、いくら貯めるかという基準を決めること。

最初は、いつまで貯めるか。

一般企業の場合、多くは60歳が定年です。そのあと、継続雇用を選ぶケースも増えていますが、給料は相当下がります。30〜50%近く減ったと回答した人が2割以上という調査もあります。また、50代半ばで役職定年を迎えていれば、すでに給料は10万円近く減っているかもしれません。自分はいつまで貯蓄できるかは、いつまで働くかを考えながら決めましょう。

人生で最も支出がかかるのは、子どもが大学在学中と言われます。もし、末子が30歳で生まれた場合、末子が大学卒業するころ父親の年齢は52歳。それまでは大学用の教育費が家計を圧迫しているので貯めにくいのが現状です。理想を言えば、子どもの卒業とともに老後資金を貯めるスピードを上げ、それまで教育費に回していた金額相当を貯めていきたいものです。大学にかかる年間の授業料等は私立で、年間90万〜100万円と言われています。もし、子どもにかかっていたこの100万円を貯蓄に回すとすれば、8年で800万円になります。

また、子どもが就職して給料をもらうようになれば身の回りのものを買い与える必要もなくなります。さらに、前章までのような見直しをすれば家計の体質も変わるはず。〝なんとなく払い続けてる〟ものを含めた固定費のカットに本気で取り組み、不要なものはやめる。そして、これまで定期的にかかっていた支出がなくなったら、すかさずその分は貯蓄に回しましょう。これを私は「**なかったもの貯め**」と呼んでいます。これまで使えなかったお金なのだから、そのまま行き先を変えて積み立て貯蓄に上積みする。

これが最もストレスのない貯め方なのです。生活はこれまでと変わらずに、貯蓄が増える。これ以上ラクな貯め方はありません。

もし、固定費及び生活費の見直しで月1万〜2万円浮いたとすれば、年に12万〜24万円。10年貯め続ければ120万〜240万円にもなる計算に。

これまでかかっていた教育費800万円と、生活費から浮いた支出の分を貯蓄に回せば、60歳までに1000万円も可能ですよね。ちょっと元気が湧いてきませんか。

いくら貯めればいいかはこう考える

1000万円でホッとしていてはいけません。次に、いくら貯めればいいかを決めましょう。

ここで、むやみに1億円もの大金持ちを目指す必要はありません。**自分の暮らしに応じた〝応〟金がいくらかを知ることが大事**なのです。

まずは老後の家計費のイメージを作るところから。

最初は現在の家計をベースに書いてみましょう。そして、そのうちリタイア時点で変化していると考えられるものがあれば修正します。例えば、住宅ローンは払い終わっているのか、子どもは独立して生計は別なのか。逆に、この先も続く支払いは何があるのか。集合住宅なら管理費や修繕積立金がかかり続けるし、終身払いの保険があればそれもなくなりません。生活に車が必要なら当分維持費はかかります。さらには、医療・介護保険など社会保険料はかかり続けますし、場合によっては年金にも税金がかかります。さらには、住民税もかかります。総務省の家計調査の数字では、高齢世帯でも税・社会保険料に月で約3万円も払っています。

逆に、食費や光熱費は現役世代もシニア世代も大きく変わらないというデータが（111ページ参照）。さらには、健康のためにかけるお金や交際費は増えています。洋服代が減っているのは、節約しやすいからかもしれませんね。こんな具合に現在の支出からなくなるものや減らせそうなものを書き出して、老後の家計費の概算をしてみます。

介護費用などはここでは考えず、あくまで毎月の生活費がどのくらいかかるかというイメージだけでやってみてください。一つではなくいろんなパターンで考えてみてもいいでしょう。老後の支出は現役時代の7割を目安に、と先に書きましたが、そのくらいで収まっているでしょうか？

次に必要なのは、前章で確認した公的年金の金額です。夫婦世帯なら二人の年金額を合算します。その金額から税金や社会保険料が引かれるので2割近く減になると思っておいたほうがいいでしょう。なお、企業年金などがあればそれも収入に加えます（ただし、企業年金は受け取り期間が決まっていることがあるので注意）。

後は簡単です。もらえるお金（公的年金・企業年金）から、老後にかかると想定した生活費を引くと、月の過不足の額がわかります。

例として、65歳から20年間は夫婦二人暮らし、夫が85歳で死亡したとして、それ以降は妻だけで10年間暮らすと想定します。二人暮らしの間は生活費が月27万円かかり、世帯年金収入が21万円とすれば、足りないのは月6万円で年間72万円。これが20年間続くとすると……。

72万円×20年＝１４４０万円

次に妻が一人暮らしになってからは、生活費を16万円、年金収入を12万円だとすると差額は月に４万円、年間48万円。これが10年続くと……。

48万円×10年＝４８０万円

シニアになると支出が減るもの、案外減らないもの、増えるものは?

現役世代に比べて7割程度になるというシニア生活。でもすべてが減るわけではないのです。家計費のなかでも、思ったより減らない項目、逆に増える項目も。リタイア後のイメージを作ってみましょう。

家計調査による支出の変化

	50〜59歳	60〜69歳	70歳以上	
食費	78,052	76,608	68,065	大きくは減らない
水道光熱費	23,070	22,693	21,191	
保健医療費	11,997	14,603	14,850	じわじわ増えている
交際費	21,714	25,541	25,264	
被服費	14,170	9,999	6,850	
教育費	24,428	1,352	360	教育費は激減
交通・通信費	51,999	43,448	23,998	
	↓	↓	↓	(円)

出典:家計調査(収支編)2017年　2人以上の世帯を元に加工・作成

●我が家の数字も書いてみよう

	現在	リタイア後の目標
食費		
水道光熱費		
保健医療費		
交際費		
被服費		
教育費		
交通・通信費		
日用品費		
住居費		
その他(　　　　)		
その他(　　　　)		

これを合計すると。

1440万円+480万円=1920万円
これが老後の生活費として必要な金額になります。

ただし、あくまでこれは生活費なので、ここに介護費用・リフォーム代などが1000万〜1500万円(102ページでは、介護費用は平均553万円でしたね。これが2人分かかる場合もありますから)。ざっと合算すると3000万〜3500万円が必要になります。

しかし、もし60歳で退職し、その先働かない選択をすると、5年間の生活費も必要になります。27万円必要なら5年間で1620万円! 退職金をもらっても、早々に消えてしまいます。少しでも働かなくてはさすがに厳しいでしょう。

夫婦で月20万円の収入があれば、65歳までの不足分は420万円ですみます。先ほど計算した65歳以降の不足分を合わせると、3400万〜3900万円が必要ということに。もちろん、この不足部分は我が家の支出と年金額の差によって異なりますし、住宅ローンが残っているとまた支出は増えてしまうでしょう。

ただし、この自分で用意する数千万円には退職金が含まれます。もし、1500万円

夫婦世帯と単身世帯の支出は？

高齢夫婦無職世帯（夫65歳以上、妻60歳以上）の支出については、下のデータがよく参考にされています。夫婦世帯では、収入約21万円に対して不足分は約5.5万円。さらに、下にあるのは60歳以上の単身無職世帯の支出。収入約11万円に対して、やはり4万円の赤字になっています。我が家が毎月いくら足りないかを計算することで、貯める額も割り出しやすくなります。

高齢夫婦世帯の家計収支

高齢単身世帯の家計収支

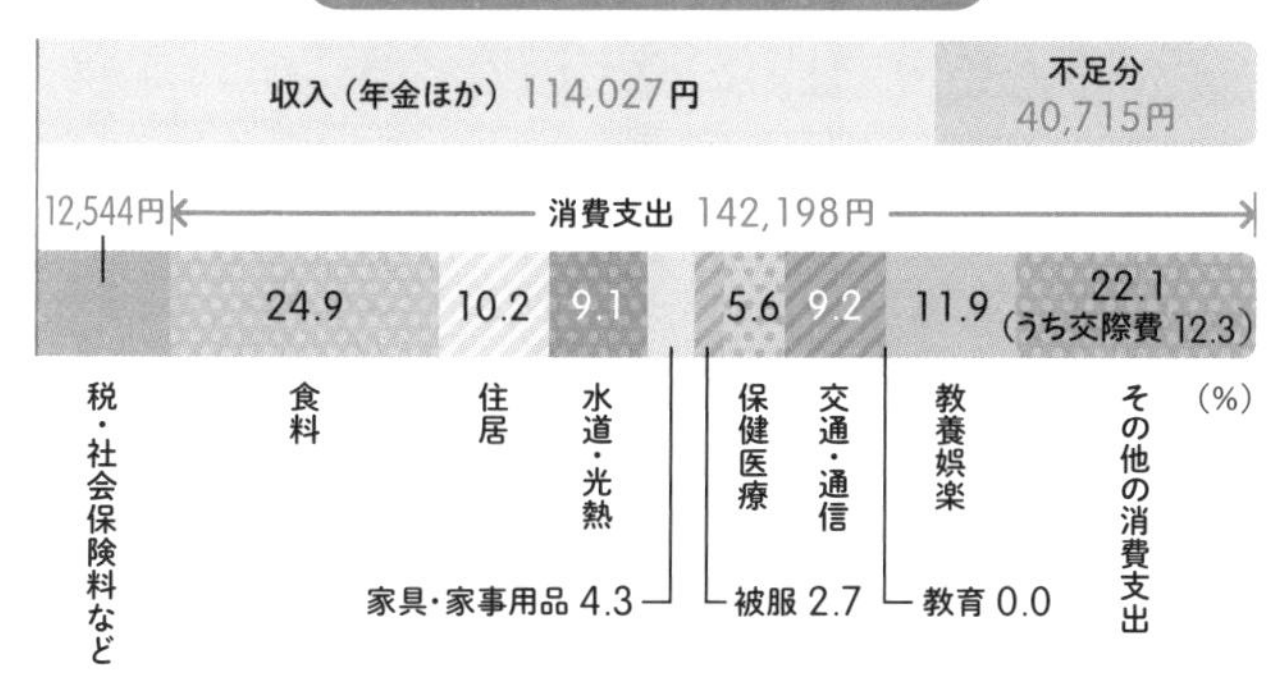

※図中の「食料」から「その他の消費支出」の割合（%）は、消費支出に占める割合。

出典：「家計調査報告（家計収支編）2017年」総務省

の退職金があれば1900万～2400万円貯めればいいことに。先ほど、60歳までに1000万円貯められる可能性があるとしたので、それがうまくいけば、あと900万～1400万円貯めればいいということになりました。

総務省の家計調査〈貯蓄・負債編〉（平成28年）によると、現在40～49歳の平均貯蓄額は1065万円、50～59歳だと1802万円だそうです。統計からみると、そのくらいは持っています、という人はいそうですよね。

そんなに貯蓄がない、という家庭は、できれば妻が働いて収入を増やすのがベター。例えば月に8万円ずつ10年間働けば960万円貯められる計算になるのですから。

これまでをまとめると、ポイントは4つ。

①子どもの教育費が終わったら、気を緩めずにその分は貯蓄する
②使いグセで払っているような支出を洗い出し、なかったものとして毎月積み立てる
③退職金を浪費・散財しない
④若いうちから長く貯め続ける

これを守れば、立派な定年後へのシニア貯蓄ができそうです。

低金利時代の貯め方は、増やすより目減りさせないこと

いつまでにいくら貯めるか、がわかったら、今度は「何で貯めるか」ということになります。

勤務先の財形制度を使っていたり、銀行の自動積み立てを利用している人は多いでしょう。貯蓄がうまくいく秘訣は、この先取り貯蓄以上のものはありません。お金を貯めているという人で、先取りをしていない人はまずいないでしょう。そして、この先取り方式は老後の生活の訓練にもなるのです。

シニア生活の基本は、年金という決まったお金の枠内で暮らすこと。赤字を埋めてくれるボーナスはないし、生活費が足りないからとカード払いに頼るのは危険です。年を重ねても給料とは異なり、年金額が増えていくわけではありません。現役時代に、もし昇給して給料が増えたとしても、増えた分を消費に回すのではなく貯蓄に上乗せし、生活のサイズを変えないで暮らしていければ、シニア生活に入ったとしても大きなギャップを感じずに済むでしょう。

まずはコツコツ貯めていける元本保証の預貯金をベースにするのが、やはり正しい選択だと思います。

でも、金利が低すぎてバカバカしい、もっと増える商品があるのでは、という声もあるでしょう。

例えば、シニア向け預金、退職金預金など、他より一段と高い金利がつく場合があります。その場合は、預け入れの条件をしっかり確認しましょう。ありがちなのが、「新規のお客様限定」「金利が適用されるのは1年間のみ」、そして「投資信託とセット」というところです。まず、新規のお客様限定というのは、まとまった資金を持っているシニア層を呼び込むため。ちょっといい金利をつけて退職金を預けてもらい、それを人質（？）にして、1年後には金融機関がもっと儲かりそうな金融商品に預け替えを進めるという段取りでしょう。

投資信託とセット、は最初からその目的が見えていて、預金の金利よりも、投資信託で取られる手数料のほうがずっと高いのです。

「預貯金はインフレに弱いですよ、投資信託も持ちましょう」と言われたら、手数料で自分がいくら払うのかを必ず聞いてください。先方が「このくらいは増えます」（本来は言ってはいけない言葉なのですが）と言ってきたら、それを買う時と、年間に自分が払う手数料の金額を聞いてみてください。パーセントではなく、金額で聞くことが大事です。例えば100万円預ける際、購入手数料が3％なら最初に3万円取られます。すでにそこであなたの資金は目減りし、97万円になっているのです。じゃあ買いますと答えるのは、3万円払っても惜しくないと思ってからにしましょう。私は惜しいと思いますけどね。

無料相談窓口に聞いてはいけない理由

銀行や保険ショップで、「老後資金作り相談（無料）」などの文字を見ることはありませんか。公的年金の額や生活費、預貯金の額をヒアリングしたうえで、老後資金の確保のためにと金融商品を勧めてくれます。特に、はやっているのは外貨建ての保険や個人年金。外貨は円に比べて金利が高く、増えますよ、というわけです。また、毎月分配金が出る投資信託は、利息がほとんどない預金よりオトクです、ということも。

金融機関の人がそう言うのだから、買ってもいいのか。お金に詳しいプロが勧めるのだし——と、そう思いますよね。

では、別のお金のプロの意見を聞いてみましょう。

平成28年に金融庁が発表した「金融レポート」にこうした記述がありました。

まず、毎月分配金が出ます、という投資信託についてはこうした記述があります。

『……一部の販売会社（金融機関のことです）において、分配金利回りのランキングを公表する際、分配金利回りの高い投資信託が運用成績が良いとの誤解を与えかねない情報提供を行っている事例、（中略）経済合理性に欠ける毎月分配型による再投資を行わせている事例等、商品特性を正しく伝えた上で顧客に選択をさせているとは言い難い事例が見られる』

つまり、金融庁は「毎月分配金が出る投資信託は、お金を増やすのには向いていない」と言っているのです。

その理由の一つに、運用成績の良しあしにかかわらず毎月分配金を出すために、預けた元本を取り崩して分配金を出しているケースがあるから。分配金は利息とは異なるものなのに、そういう誤解をしている人は多いのです。また、『毎月分配型投資信託は、分配頻度の少ない投資信託よりも、信託報酬（保有している間にかかる手数料です）が高くなる場合がある』とも言っています。つまり、毎月分配型は、自分のお金を目減りさせてしまう可能性が高い投資信託と言えるのです。ここまで言われたせいか、さすがに最近では、金融機関もこのタイプを売らなくなっているようですが。

さらに、貯蓄性の保険商品についても、この「金融レポート」に記述があります。

『貯蓄性保険商品の中でも、近年、運用を定額部分と変額部分に分けた一時払い外貨建保険の販売が伸びている。仕組みとしては、定額部分を外国政府が発行する債券等で運用し、運用期間終了時に、当初払い込んだ（外貨建の）保険料全額を最低保証するとともに、変額部分は元本保証のない投資信託等で運用しており、それに外貨建の死亡保険を組み合わせるといった、内容が複雑なパッケージ型の商品となっている』

この部分、あまり真剣に読まなくてもかまいませんよ。だって、こんな説明を受けてもすぐに理解できる人はそうはいませんから。非常に仕組みがわかりにくく、かつ為替が絡むので、本当にお金が増えるのか誰にも保証できません。

でも、売れているのにはこういう事情があります。

『…銀行における金融商品別の手数料収益を見ると、販売額以上に、保険の占める比率が高く推移している。この背景として、一時払い保険の販売手数料率が、投資信託等の

金融商品と比べ、高めに設定されていることが挙げられる。特に、外貨建一時払い保険の手数料は、複雑な仕組みの商品販売が増えていることもあり、年々上昇傾向にある』

つまり、銀行（保険ショップもそうですが）で貯蓄性保険、特に外貨建てを売ると、保険会社からの手数料がたっぷり入る、と書いているのです。

もっと露骨に、『**多くの保険会社が、金融機関代理店に対し、販売サポートとして、販売手数料の上乗せキャンペーンや募集人（販売員）向けのインセンティブ供与を幅広く実施している。（中略）商品や期間を限定した上で、通常よりも0・5〜1・5％程度上乗せした手数料を提示している**』。それどころか『**こうした販売サポートは、（中略）最終的に、顧客が支払う保険料を上昇させる要因の一つとなっている**』と金融庁は結論付けているのです。

監督官庁がここまで言うか、と驚きますが（その後は金融庁の指導もあり、過度の販売キャンペーンはなくなってきたようです）、このように「老後資金を作りましょう」とお勧めされる商品とは、売り手側が儲かる商品であり、無料で相談に乗ってくれるのは、無料に惹かれたお客が集まり、手数料がたくさん入ってくる商品が売れるから、という構図があったわけです。

無料にはやっぱりウラがあるもの。有料でも実績のあるファイナンシャル・プランナーなどの専門家に納得のいくまで話を聞いたほうが、結果的に大事なお金を目減りさせずに済むでしょう。

投資は我慢比べ。「元本保証で必ず増える」は金融詐欺

やっぱり投資は怖い、金融機関も信用ならない、と思ってしまった人もいるかもしれませんね。もちろん、投資は無理にする必要はありません。

「インフレになると預貯金は目減りする」という人もいますが、投資信託の運用が相当うまくいったとしても、運用益は年3～5%がいいところ。100万円を運用したとして年に3万～5万円です。月に直すと5000円以下。無理して投資するより、アルバイトしたほうが確実な数字ですよね。

リスクのない金利とリスクのある投資商品のリターンの差を「リスクプレミアム」と言います。リスクを負う分、投資商品のほうが期待できるリターンが大きくないとそっちを誰も選びませんよね。言い換えれば、金利が低いことは「安全料」でもあるので

す。元本保証で、いつでも引き出し可能というものほど低金利。定期預金は元本保証だけれど一定期間は引き出せない不自由がある分、普通預金より金利が高くなるというわけ（現状は同程度の金利ですが）。この低金利時代にもかかわらず、金利を高めにつけている預金にはそれなりに理由があります。前に述べた退職金定期や投資信託との抱き合わせなどがそれですが、預ける前に高く設定されている理由を知り、納得することが肝心なのです。

やっぱり安心が大事、たとえ低金利でもお金が減ってドキドキしたくない、というなら投資は不要です。なぜなら、**投資はいわば我慢比べ**だから。資産１００万円の人も、1億円の人も、やっぱりお金が減るのは嫌なのです。そこで、１円減っても嫌な人なのか、10万円なら我慢できるのか、いや30万円くらいは大丈夫か……そういう、どこまで我慢できるのかによって、リスクの取り方は変わってきます。プロのトレーダーだって、連日すべて勝ちっぱなしはありません。いくつもの銘柄を運用して、増えたもの・減ったものをならして、「トータルリターン」というのですから。

リスクをとっても預貯金より増やしたいという人だけが、この我慢比べをすればいいのです。

ただし、私自身は「投資をするなら若いうちに」と思っています。若いうちに少額で投資をして、増えることよりも、お金が減ること・損をすることを体験しておいたほうがいいのです。よく、「投資はなくなってもいいお金でやりましょう」と言いますが、なくなってもいいお金なんてないですよね。正確には、「ここまでなくしても我慢できると思う金額まででしましょう」だと思います。1円でもなくしたくない人は、しないほうがいい。小さな損をしておけば、老後になって急に投資に大金をつぎ込むことはしないでしょうし、ありえない「元本保証で、毎年15％の配当が確定」なんて金融詐欺話にも騙されないでしょう。

もう一度思い出してください。**「金利」と「安全」とは反比例するもの。**高金利で、しかも安全は、理屈が合わないのです。

金利より見るべきものは「非課税」のメリット

老後資金を作るのに向いている金融商品は？ と聞かれたら、「金額を上乗せしやすく、引き出しの自由度が高く、目減りしないもの」というところかと思います。金利がさほど変わらない現状では、0・1%の金利の高低にこだわって預け先に悩むよりも、不要な支払いを削ったお金をどんどん積み増していったほうがよっぽど増えます。個人年金や保険商品は手数料が高いのでそれほどは増えないし、投資信託は前述のように値動きを覚悟しなくてはいけません。

なお、老後資金を自分で作るための制度として個人型確定拠出年金〈iDeCo〉があります。金融機関に口座を開いて、毎月掛け金を拠出し、運用したお金を60歳から引き出すことができます。一番のメリットは自分で出した掛け金が所得から引かれるために、その分税金が安くなること。所得400万円の会社員なら、月に2万3000円、年間27万6000円を掛け金として出した場合で、所得税・住民税あわせて約8万2800円も節税できるのですから、預金金利の比じゃないですよね（復興特別所得税等を除いた概算）。

確定拠出年金には、運用の利益も非課税、受け取る時も退職所得控除の対象となるなど、税制上のメリットが他にもあります。ただし、どの金融商品を使って運用するかの選択を自分がしなくてはいけません。預貯金や保険を選ぶこともできますが、口座管理手数料がかかるため、それ以上の運用益（利息）が出ないと実質元本割れになります。

個人型確定拠出年金（iDeCo）でいくら税金が安くなる？

税金は年収にそのままかかるわけではありません。会社員ならそこから給与所得控除という必要経費にあたるものを引き、さらに社会保険料控除や配偶者控除など"所得控除"と呼ばれるものを引きます。引いた後の金額が課税される所得（課税所得）となるのです。iDeCoは、この所得控除のひとつである「小規模企業共済等掛金控除」に当たり、掛け金を全額、所得控除として差し引けるため、税金を減らす効果があるわけです。

掛け金の上限は？

□ 自営業者	81万6000円	（月額6万8000円）
□ 専業主婦（主夫）	27万6000円	（月額2万3000円）
□ 企業年金に加入していない会社員	27万6000円	（月額2万3000円）
□ 企業型確定拠出年金に加入している会社員	24万円	（月額2万円）
□ 確定給付型の企業年金に加入している会社員、公務員	14万4000円	（月額1万2000円）

掛け金ごとの節税額の大まかな目安

課税所得の金額	年間掛け金			
	14万4000円	24万0000円	27万6000円	81万6000円
195万円以下	2万1600	3万6000	4万1400	12万2400
195万円を超え330万円以下	2万8800	4万8000	5万5200	16万3200
330万円を超え695万円以下	4万3200	7万2000	8万2800	24万4800
695万円を超え900万円以下	4万7520	7万9200	9万1080	26万9280
900万円を超え1,800万円以下	6万1920	10万3200	11万8680	35万0880

※所得税、住民税を合わせた概算。復興特別所得税は考慮せず

となると、投資信託を選ぶことになり、増えるか減るかは60歳になってみないとわからない、というわけです。若い世代が非課税メリットを享受しながらコツコツ積み立てていくのにはおすすめですが、50歳以降に始めると受け取りまでの期間が短く、大きく増える可能性はあまり期待できないかもしれません。

とはいえ、預貯金以外に少しは投資もしたい、と思うなら、「つみたてNISA」という選択肢があります。この制度は、ゼロ金利の預貯金だけでは難しい「お金を増やす」ことを投資でトライしてほしいと、金融庁が考えたもの。投資信託を定額で買い、積み立てていく制度で、20年間は運用益や売却益などが非課税になります。注目すべき点は、積み立て対象となる投資信託の品ぞろえ。前述の「金融レポート」でさんざんダメ出しをしていた通り、国が「長期でお金を増やすのに向いている」とお墨付きを与えた金融商品だけが対象なのです。具体的には、手数料が安く、不効率な分配金を出さず、仕組みが複雑すぎないなど、積み立てる人にとって有益であると認められた投資信託。その中から自分で選んで積み立てる仕組みです。積み立てできるのは年40万円までなので、月額に直すと約3万円。月1万円か2万円で投資商品を買ってみて、「どれくらい減っても自分は耐えられるか」を知るのもいいでしょう。

12月の新聞に注目を。新制度をいち早く知っておく

老後のお金の備えと切っても切り離せないのは税制です。高齢者の健康保険や介護保険の財源をどうするか、現役世代への負担をどう軽くしながら社会を維持できるかは、税金の配分に関わるからです。そのために、毎年12月の半ばには「税制改正大綱」の内容が発表されます。各省庁からの要望をもとに翌年度以降の増税や減税、新しい制度の創設などを検討し、政府が改正案をまとめたものです。実際にはさらに検討を加え、改正法案を国会に提出し可決されて初めて実行されますが、この大綱の段階で今後大きな改正があるかが見えてきます。

例えば平成30年度の税制改正で最も大きな注目を集めたのは、所得税改革です。基礎控除・給与所得控除・公的年金等控除の見直しが並行で進み、現役世代も年金世代も収入が多い人に増税となる方向です。

公的年金等控除については、年金だけで1000万円を超える人、年金以外に1000万円以上の所得がある人などの控除が縮小に。

過去には、相続税の基礎控除の縮小、配偶者特別控除の拡充（いわゆる年収150万円への引き上げ）などがこの改正で検討されてきました。私たちの生活に関わる制度や増減税の情報を知るには、この税制改正が大きな情報源になるのです。

また、税制だけでなく社会保険料の変更点なども、年明けの1月や新年度スタートの4月に報道が流れます。

お金の情報をいち早く知ることは、対策も早く取れることになります。さらには、新しい制度が始まるという報道とともに、その名目でビジネスをしようと考える悪徳業者やたちの悪い金融詐欺も出没します。

お金のことはよくわからない、とシャットダウンしてしまうと、いいカモにされがちです。そのためにも年齢を重ねるほど、私たちはお金の新情報により敏感になるべきなのです。

【ステップ4】

稼ぎ力を積み立てる

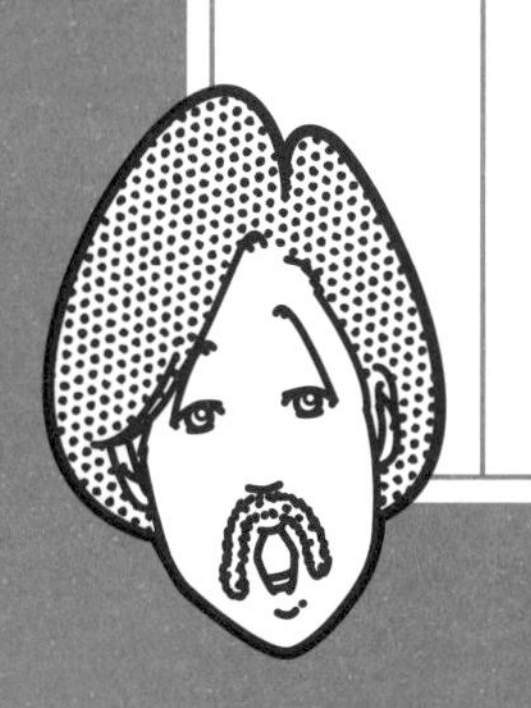

働くことが一番の貯蓄術

「一生お金に困らない生き方」と聞くと、どんなことを想像しますか？

「宝くじで7億円当たった」「不動産投資で毎月100万円もの家賃収入が入ってくる」「ビットコインが値上がりして大儲けした」

そんな夢のような話ではないでしょうか。

もちろん、それは羨ましいこと。でも、手元に大金があればあるほど、今度はそれを減らしたくない、騙されたらどうしようという不安を抱くのが人間の性（さが）です。

いくら現役時代に蓄財しても、残高の数字が減っていく一方では、やはり人は不安になるもの。その不安を打ち消してくれるのは、**定期的に収入が得られる自分でいる**ことです。

「お金に困らない生き方」を叶えるのは、貯蓄力と仕事力の両輪です。

貯蓄力と仕事力の両輪を備えれば、自信がつきます。自信がつけば、不安は消えます。「お金に困らない人生」は、大金を抱え込むのではなく、適度のお金を過不足なく循環させていける力をつけることで叶うのではないでしょうか。

政府は長寿社会を見据え、「人生100年時代構想会議」を発足させました。そこでも、〝働くこと〟を通じて高齢者が社会と関わり続けることが、生きるうえでの大きな軸になるとされています。働く場があることは、私たちに心の健康と安心を与えてくれます。上司から与えられた仕事をこなすことが中心の現役時代から、自分がやりたいから働くシニア時代へと上手にシフトできるように、**40代後半からイメージ作りをし、50代になったら具体的に準備を始めたい**ものです。

老後を見据えて働くことは貯蓄高にとってもプラスです。教育費が終わった以降に貯めるギアを上げましょうと前に書きましたが、さらに**有効な手段は妻の就労**です。50歳で教育費が終わったあとに妻も年収100万円働いて、それをまるまる貯蓄できれば10年で1000万円に。その後も働き続けることで60歳以降の無収入時期のアシストもできます。また、職場のベテランとして一定の地位を築ければ、さらに長く働き続けることが可能でしょう。

パートであっても社員501人以上の大企業に雇用され、週20時間以上働き、年収106万円を超えれば厚生年金に加入する資格を得る（500人以下の企業でも年収13

0万円未満なら対象）ため、妻が自分の受け取る年金も上乗せになります。

実際に高齢者の就業がいまどんなふうになっているのか、政府のデータで見てみましょう。内閣府の「高齢社会白書」によれば、平成28年の労働力人口は約６６００万人で、うち65～69歳の者は４５０万人、70歳以上の者は３３６万人。労働力人口総数に占める65歳以上の者の割合は11・８％と、毎年伸び続けています。

また、高齢者がどの程度就業しているかについては、男性の場合、55～59歳で９割、60～64歳で８割近く、65～69歳で５割強。年金受給後も男性の２人に１人が働いているということになりますね。

女性の就業者の割合は、55～59歳で約7割、60～64歳で5割、65～69歳で3割以上となっています。さらに、現在仕事をしている高齢者の約４割が「働けるうちはいつまでも」働きたいと回答しており、70歳くらいまでもしくはそれ以上との回答と合計すれば、約８割が働き続けるための意欲が高いのが現状なのです。


働くことには別の効果もあります。

会社人間だった男性が完全リタイアしてしまうと、職場を通じた人間関係はぷっつりと切れてしまうことでしょう。世界が家族だけになると、自分が周囲（社会）からどう見えているか意識することが減ってきます。たとえ困った老人になっていても、それを気付かせてくれる客観的な目がないのです。

近年、高齢者のトラブルや犯罪が報道されることが増えてきました。

平成29年版「犯罪白書」によると、65歳以上で検挙された人数は約4・7万人で、平成20年以降高止まりとなっています。うち窃盗犯が約7割（うち女性は9割）、さらに傷害・暴行犯の数は平成9年に比べて約17・4倍に上ります。

また、一定の地位にいた人がクレーマーになってしまうケースも耳にします。抵抗できない立場の相手に自分の一方的な主張を長時間繰り返すのは、他に不満をぶつける場所がないからに思えてきます。

もちろん、社会から切り離された人がその理由で犯罪に手を染めるというわけではありません。ただ、私たちにとって働く場を得て、勤務先から報酬を受け取るということは、義務や責任を伴うことでもあります。その意識を持ち続けることは、大切なことかもしれませんね。

お金を生み出すスキルや人脈を積み立てる

定年後も働くための準備は、早めにスタートしたほうがいいでしょう。

早めにしたほうがいいのは、あくまで準備です。定年を待たずに辞めた私が言うのもなんですが、会社がいさせてくれるなら、できる限り慣れた職場で勤め上げたほうがいいと思います。なぜなら、ねんきん定期便に書かれている年金額は、あくまでこのまま同じ収入で働き続けたらという試算。転職したり起業したりで給与額が変われば、受け取れる年金額も変わります。ミドルからの転職では、これまでより多く給料がもらえるケースばかりではないので、老後資金のプランを考え直す必要が出てくるのです。

とはいえ、漫然と定年を待っているのは得策ではありません。人間は、どうしても年齢とともに保守的になります。いまの自分の立場を手放して新しいことに踏み出す気力はなかなか湧きません。また、若いころと比べ、判断力や処理能力も衰えます。特に管理職になると細々したことは部下に任せられるので、不便を感じることは少ないでしょうが、「もう昔のペースでは働けないなあ」と実感することもしばしばではないでしょうか。

さらに、長期間にわたり同じ業種で同じ業務を続けてきた人にとっては、「この仕事以外にできることはあるだろうか」と、自信が持てなかったりもします。いまは部下に任せているパソコン作業が実は苦手という人もいるかもしれませんね。

「自分にできることは何だろう」、さらに言えば「自分にできて、お金を稼げることは何だろう」と考えると、案外悩ましいものではないでしょうか。

管理職だった人が、リタイア後も管理職ならできる、というのは間違い。ただでさえ管理職は余っていますし、なりたい人の行列にシニアが入れてもらうことはまず難しいでしょう。シニア向けの就労サポートの業種にも、マンション管理人はあっても「管理職」はそうそうありません。

リタイアする前に取り組むべきは、まず**「定年が過ぎたら、一労働者になる」という自覚を持つ**ことと、**「一労働者としてお金を稼げるスキルは現在の自分にあるのか」を考え、準備をする**ことです。

私自身がそうでした。大学卒業以来、数回の転職はしたものの、ずっと会社員として働いてきた身でした。しかも、編集者というのは、いわゆる専門職です。なかなか別の仕事にそれまで身につけた技能を転用できません。ところが一般の女性誌は若い世代をターゲットにしていますから、編集者にも若返りが必要です。そのため、多くの出版社では、年齢高めの編集者は雑誌の現場を離れ、ムックや書籍を作ったり、広告のページを作ったり、中にはまったく編集とは関係のない初めての仕事につくこともあります。平たく言うと、年を取れば取るほど、あまり楽しそうでない(?)仕事に移る可能性が高くなると、私には思えたのです。

「このまま会社員をしていても、そのうち編集の仕事はできなくなるだろうな。でも、いったんその仕事を離れ、定年まで別の仕事をしてしまうと、もう編集者とはいえなくなる。長くメディアの仕事で働くためには、まだ余力がある40代のうちに、独立したほうがいいんじゃないか」。そう思ったのが、会社を辞めた理由です。長く働きたいために、逆に会社員を卒業しようと考えたのです。

しかも、後半は編集部の副編集長という立場で、自分が現場に出るよりは部員に指示をすることが中心でしたから、このまま過ごしても個人のスキルとして何を身につけていけるだろうかと悩んだのです。

当時いた職場の場合、編集者とはいわば現場監督の役割でした。記事全体の構成を考え、外部スタッフに発注をし、取材や撮影の指示をして、出来上がった写真や文章を組み合わせてページに仕上げるというのが仕事です。この場合、記事を書くのは外部ライターの役目でした。編集者と似たような仕事に見えますが、わかりやすく記事を書くにはやはり実務経験が必要なのです。そこで、自分が独立した時にきちんと記事を書けるように、在職中からその準備を始めようと決めました。担当していたマネー連載は外部ライターに依頼せず、取材からテープ起こし、原稿作成を自分でやると決め、退社までの数年間それを続けました。新人編集者ならともかく、副編集長の肩書がついた人間が一人で取材にやってくるなんて、取材相手も驚いたかもしれません。

独立して以来、何とか書く仕事でお金をいただけているのは、やはり目標を持って準備をしてきたからだと思っています。

リタイアした後でも仕事をしたいと思った時、ベストは自分がやりたいことができることです。前にも書いたように、嫌々ストレスを溜めてまで働くことは健康面に悪いし、何より続きません。私自身はずっとお金の仕事がしたいと思ってきたので、会社員時代からそういうテーマを担当してきました。記事を書く回数を重ね、お金の専門家の方たちとのつながりを作ることで、独立した後もこうして仕事をさせていただいています。したいことをさせていただいているので、休みがあまり取れなくても、「やらされている感」はなく、ストレスは溜まりません。

このように、私は早々に会社員を卒業することを選びましたが、それは私なりの老後プランを考えてのこと。返済すべき住宅ローンはなく、また多額の退職金がもらえる予定もなかったので、定年にこだわる必要はなかったという理由もありました。先に述べたように、**長く勤められるなら勤め、しかし、定年までの時間をその後の〝準備〟にあてることが大事**だと思います。

将来これがしたい、と思うものが見つかれば、どんな準備をすればいいかも見えてきます。リタイアまでの猶予があるうちに、必要だと思う勉強をしたり、いろいろな人に会いにいくこともできます。やりたいことをお金に換えるスキルや人脈を自分の中にどんどん〝積み立て〟ていく。それを50代からは考えていきたいものです。

老後のためには出世しないほうがいい!?

ベストセラーになった『LIFE SHIFT 100年時代の人生戦略』の序章にはこうい

う記述があります。意訳すると、従来の人生は、教育のステージ、仕事のステージ、引退のステージの3つに分けて考えられてきたが、100年の人生に適応するためには、この3ステージの人生に代わりマルチステージの人生が求められる。これまで人生の大きな移行とは、教育から仕事へ、仕事から引退への2回だけだったが、マルチステージの人生は移行の機会（回数）も増える。そして、上手に移行していくスキルを持っていなくてはならない――というのです。

つまり、これまで「上がり」だった出世モデルは、いったんそこで工程を終了。そのあと始まるシニアステージにあわせて、さらに自分を変えていく必要が出てくるのが、これからの生き方。例えば、会社の定年は60～65歳ですが、その先も多くの人が今後は働くことでしょう。慣れた会社を離れ、新しい職場で70代まで働くとなった場合は、たいがいにおいて改めて履歴書を書くことになると思います。もし、あなたが採用側の人間だったとして、意気揚々と差し出された履歴書の職歴に「部長」「役員」「支店長」などと書いてあったらどう感じるでしょう。こんなにも偉かった立場の人に来られると気を遣うな、気軽に仕事を頼めないな……という考えが、ちらりとよぎるのではないでしょうか。

私自身も、後学のためにパートをやってみようかと思ったことがあるのですが、履歴書の職歴欄に「雑誌編集部　副編集長」と書くのかと思うと、なんともためらってしまいます。偉そうな人だな、と思われるのは困るからです。下手に「〇〇長」がついていると、パートの応募にも悩んでしまうという一例ですね。

そう考えると、これからの長い人生をずっと働き続けるためには、無理に出世にこだわって偉くならなくてもいいかもしれませんね。あまりに偉くなって人を指図することに慣れてしまうと、定年後に人からの指示を受ける立場に変わった時、実に複雑な気持ちになることでしょう。新しい職場では新人だというのに、「自分は部長までやったのに」というプライドが邪魔をしかねませんから。

そう考えれば、定年後にストレスなく健康に働いていくためには、何もその前段のステージで立派な肩書までたどり着かなくてもいいのだと、気楽に構えていいのではと思います。**偉くなることよりも、定年以降にしたいこと、自分を生かせることを見つけるために時間を使うほうが、実は有意義**なのだと。

60あるいは65歳までの出世競争にあくせくするのではなく、80歳、90歳、１００歳という人生のゴールが見えた時に、「ほどほどに楽しく働いてこられてよかったなあ」と思えたほうが、真の人生の勝者ではないでしょうか。

同じく『LIFE SHIFT』の序章には、このようなくだりもあります。

「70歳、80歳、100歳になった自分が、今の自分をどう見るかを考えてほしい」

未来をよりよく生きるためには、いまをすり減らす必要はないのだと思います。

自分の興味は本棚を見るとわかる

やりたいことをしろと言われても特に思いつかない、趣味もないし……という人は、自分の本棚を眺めてみるといいかもしれません。書籍でなくてもいいのです。旅行ガイドブックや図鑑、時々買う雑誌でも。たぶん、そこにあなたの興味の対象が並んでいるのではないでしょうか？　旅行好きと言っても、旅の中身はそれぞれ違うでしょう。寺社詣でが好きな人もいれば、酒蔵やワイナリーを回りたい人、ハイキングをしたい人もいれば魚釣りをしたい人も。たぶん、その目的に関する別のガイドブックも本棚に並んでいるのではないでしょうか。

自分が好きなことを改めて眺めてみて、次はこれが仕事に結びつく方法はないかなと考えてみる。食べることが好きなら、食べ物屋さんをやりましょうという話ではありません。世の中にあるさまざまな仕事を見渡した時に、自分が好きなことと結びついているものがないかと探す目を持ってみようということです。

先の「高齢社会白書」によると、高齢者の就労率や働く意欲は高いのですが、正規職員・従業員が99万人に対して、非正規の職員・従業員が３０１万人であり、雇用者に占める非正規の職員・従業員（役員を除く）の割合は75・３％です。責任の重さや働き方も、正社員時代とは異なるでしょう。働き続けるための個々の事情は異なるとしても、できるだけ長く働こうと考えるなら、やはり興味があることや好きなことに関われる職につけるのがベターです。

働き方が多様化している現代では、企業で働く以外の選択もあります。社会貢献に興味があればＮＰＯ法人等で働く方法も。リタイア前にボランティアでその仕事に関わっておくとイメージが作りやすいでしょう。

ＩＴを通じて、自分の技術や趣味をお金に変える方法もあります。様々なシェアビジネスが台頭してきており、自分のスキルを登録すると、そのスキルを有料で利用したいと思う人とをつなぐマッチングサイトもどんどん増えています。料理作りが趣味、DIYが得意、そういうものがお金に変わる時代が来ているのです。

ただし、一番肝心なのは、**「自分の興味や趣味をお金に変える方法はあるか、お金に変えられるスキルはあるか」という視点をいつも持つ**ことでしょう。それを続けるうちに、定年後が不安ではなく、楽しみになってくることと思います。

公的な就労支援サービスはシニアにこそ力を入れている

労働力人口に占めるシニアの割合が増加していると述べましたが、政府の働き方改革実現会議でも高齢者の就業促進は議題にあがっています。日本の生産年齢人口（15〜64歳）はこの先減少を続け、2040年には総人口に対し53・9％程度になると予想されています（出産率を中位と仮定した場合）。そのため、女性とシニア層に寄せる期待が大きく、その実現として、シニア向けの職業訓練や就労・起業支援にも力を入れています。

働きたいけどまず何から始めればいいかわからない人なら、こうした公的サービスを利用してキャリアカウンセリングを受け、自分でも気づかない職業特性を知ったり、やりたいことを仕事に結びつけられる具体的な方法を相談することからスタートするのも方法です。

無料で就労相談ができる「東京しごとセンター」では55歳以上の人向けに、これまでの職業経験や経歴、希望に応じた仕事探しの相談を行っています。高年齢者の労働市場と求人状況の概要の説明や、仕事探しの方向性を決めるため、また未経験の職種への応募を考えるためのアドバイスなどが受けられるので、シニア就労のイメージを固めるためにも利用できます。さらに、中小企業団体と協働して短期間（平均14日）の就業前準備講習や、再就職支援セミナーも実施。履歴書の書き方や、面接の受け方など実践的なアドバイスもしてくれます。

また、「アクティブシニア就業支援センター」はおおむね55歳以上を対象にした職業紹介所。東京都内12ヵ所に拠点を持ち、地域に密着したシニア向け求人情報を提供するほか、再就職支援セミナー、就職面接会など各種イベントを開催しています。こちらも、東京都や自治体等の支援を受けて運営されているので、無料で利用できます。

大阪にもキャリアカウンセリングから始められる「OSAKAしごとフィールド」があ

無料で相談できる就労支援サービス

キャリアを生かして働きたい、新しい仕事に挑戦したい、起業を考えたい、という時にはまず専門スタッフに相談してみましょう。

東京しごとセンター

http://www.tokyoshigoto.jp/

ヤング（29歳以下）、ミドル（30～54歳）、シニア（55歳以上）ごとに相談を行う。仕事を辞めてからブランクがある女性向け再就職を専門に扱う「女性仕事応援テラス」もあり、介護と両立して働きたい人のサポートも。

月～金：午前9時～午後8時、土：午前9時～午後5時
東京都千代田区飯田橋3丁目10番3号　TEL. 03-5211-1571

アクティブシニア就業支援センター

http://www.shigotozaidan.or.jp/support/active.html

おおむね55歳以上の人を対象にした無料職業紹介所で、東京都内12ヵ所に開設。住まいの近くのセンターで相談できる。

新宿わく☆ワーク（月～金：午前9時～午後5時　TEL.03-5273-4510）、シルバーワーク中央（月～金：午前9時～午後4時　TEL.03-3551-9200）、はつらつシニアいたばし（月～金：午前9時～午後5時　TEL.03-5943-1300）、わくわくサポート三鷹（月～土※火除く：午前9時～午後5時　TEL.0422-45-8645）など。詳細はHPを参照。

OSAKAしごとフィールド

http://shigotofield.jp/

年齢・状況を問わず利用できる総合就業支援施設。「大阪東ハローワークコーナー」を併設。大阪へのU・J・Iターン希望者には求人情報の案内、また府内市町村の移住助成などの情報提供も行っている。

平日　午前10時～午後8時、土曜　午前9時半～午後4時
大阪市中央区北浜東3-14　エル・おおさか　本館2・3F　TEL.06-4794-9198
※同施設に55歳以上を対象とする「シニア就業促進センター」（月～金：午前9時30分～午後5時　TEL. 06-6910-0848）あり。

ミラサポ

https://www.mirasapo.jp/

起業を考えている人の情報収集に役立つサイト。税理士や公認会計士、弁護士、中小企業診断士など専門家に相談できるサービスなどもあり。

り、登録するとハローワークの求人を見ることもできます。同施設内にある、「シニア就業促進センター」では、55歳以上を対象に就労支援やシニア求人に積極的な企業説明会を実施しています。どちらの利用も無料です。

無論、全国のハローワークで就労相談は受けられますし、自治体レベルでのシニア就業相談も各地で行われています。

やりたいことをするのが一番ではありますが、現実にシニア向けにどんな求人があるのかを知るのも大事なことですね。実際に職場体験をするプログラムが用意されている場合もあり、参加してみるとより具体的な働き方のイメージが描けるでしょう。60歳、65歳でなくても利用できるサービスもあるので、一度覗いてみるのもいいでしょう。

起業を考えている人が利用できる、相談サービスもあります。

先の「東京しごとセンター」でも、起業を考えている人向けに事業計画の立て方や資金集めの方法、許認可など必要な手続きについて、中小企業診断士に相談ができます。

また、「ミラサポ」（中小企業庁委託事業で小規模事業者などを支援するサイト）では、起業のための情報収集から、補助金・助成金申請までを相談できる全国の「よろず支援拠点・地域プラットフォーム」や、市区町村にある創業支援窓口の検索ができます。特に、地方活性化につながる起業には、低利の融資や補助金の交付があることも。

また、雇用保険に加入している人なら、資格取得の費用を一部負担してもらえる教育訓練給付制度が利用できます。リタイア後に挑戦してみたい仕事に必要な資格があるなら、その制度を利用していまのうちに取得しておくということも大事でしょう。

公的な支援サービスを目いっぱい利用して、自分に合った働き方を探しましょう。

主婦の家事力は貴重なお金になる

会社勤めしていたのはもうずいぶん前、ずっと家事しかしていない、という主婦にもお金に換えるスキルはあります。まさに「**家事力**」がそれ。共働き家庭が半数を超える現代では、お金を払ってでも家事サービスを受けたい人は多いのです。

シルバー人材センターでは、シニア女性が長年身につけてきた家事・育児力を生かしたサービスを提供しています。例えば、東京都小平市の場合では、家の掃除・片付け、食事の支度、洗濯、アイロンがけ、買い物など。また、保育園・幼稚園への子どもの送り迎え、子どもと一緒に留守番するということも。着付けができる人なら、出張着付けというメニューまで。大きな金額を稼ぐことはできなくても、普段家でしていることがお金になるのはうれしいですよね。

メディアでも話題になった「タスカジ」のようなハウスキーピングのマッチングサイトに登録する方法もあります。マッチングサイトは働きたい人とそのサービスを受けたい人を結び付け、交渉や依頼は当事者間で行うことが多いので、お互いの要望や条件をすり合わせたうえで仕事ができます。料理だけでなく、家の片づけやゴミ出しなど、いくらちゃんとやってもお金にならないと思っていたことが稼ぎに変わるのです。まさに、ベテラン主婦が「即戦力」として歓迎される時代になってきたというわけ。

料理が得意な人で、いろんな人に自分の作った自慢のメニューを食べてほしいという人なら、食べたい人とを結びつけるマッチングサイト「キッチハイク」も面白いでしょう。COOK（料理を作る人）として登録し、料金を設定して参加者を募集、料理を作って応募してきた人と食事をするシステム。家族にばかり作っていると張り合いがないと思っている主婦にとっては、お金以外の刺激ももらえそうです（ただし、マッチングサイトは原則的には「場」を提供するだけで、当事者間トラブルには対処してくれない場合もあります。また、サイトも急増しており、法外な登録料を取るようなところは避け、口コミなどで評判を調べてから利用するようにしましょう)。

また、女性向けに特化した起業支援もあり、自分が好きな本を置いて子育て中のママが集まれる場として絵本カフェを開きたい、地物の食材を使ったお弁当を販売したいなど、女性ならではの目線でお店を開くこともできそうです。

自分がしてきた経験すべてがキャリアになると考えれば、会社員でも専業主婦でも、誰もが立派なスキルの保有者。お金を生み出す力は、誰でも持っているのです。

クラウド、シェア……ITを活用した稼ぎ方も続々

前の項でも述べたように、ITを介した様々な仕組みが生まれています。

自分の持つモノやスキルを提供し、対価を受け取るシェアリング・エコノミーがその代表。なかでも注目されているシェアビジネスは、「民泊」です。Airbnbに代表されるように、もともとは空いている部屋にツーリストをゲストとして迎えるというホームステイ型でしたが、マンションの空室を使い完全にビジネス目的で稼働していたケースが住民トラブルとなり大きな社会問題に。こうしたさまざまな事例に対処するため、法整

備が急ピッチで進んでいます。2018年6月からは住宅宿泊事業法（通称・民泊新法）が施行され、営業は年間180日までなどの条件を満たせば民泊が営めるようになります（自治体への届け出が必要。独自の規制条例を定める自治体も多い）。

民泊の広がりを予想し、楽天が不動産情報サイトと組んで、部屋のオーナーに代わって予約管理や集客からゲスト対応までを代行する子会社も設立しました。同様に、リクルートもAirbnbと業務提携し、民泊事業に参入するそうです。いまは過渡期ですが、空いている部屋があればシェアしてお金を稼ぐことができる時代がスタートしています。

貸せるような部屋がなくても、思わぬスキルがお金になるかもしれません。Airbnbでは、〝体験〟を旅行の目玉とする「トリップ」をスタート。料理やアウトドアなど、より深く旅を楽しむことができる体験をホストとして企画し、それに興味を持った旅行者に有料で参加してもらうというもの。打ち込んでいる趣味や特技が、ユニークな体験企画に結びつくかもしれませんね。

さらに、乗らない車を貸したり、空いている駐車場を貸すというシェアビジネスもあります。シェア経済が進んでいくにつれ、休眠状態にあるさまざまな資産がお金を生んでくれることでしょう。

クラウドを利用した稼ぎ方もあります。クラウドソーシングといい、ネットを介した外注の請負と考えればいいでしょう。仕事を発注したい企業がサイトに依頼内容を上げ、それに応えられる個人が請け負うという仕組み。企業にとっては必要な時だけ働く人を確保できるのでコスト削減につながりますし、請け負うほうも通勤などの手間をかけずに自分のペースですることができます。高齢者が培ってきた経験や専門知識を生かせる場もあるし、データ入力や調査などの特殊なスキルは不要の仕事も。また、ネットを介して仕事の納品ができるため、地方在住であっても収入を得ることが可能になるのです。

ただし、こういった場合もトラブルに注意。仕事内容が想像とは違ったり、誰にでもできる単純なデータ入力などは、期待したほどのお金にならないかもしれません。また、悪徳業者も心配です。最初に高価な登録料を求められたり、仕事に必要だと言われて教材などを購入させられるケースは詐欺の可能性があります。最初にお金を払えと言われたら、やめたほうが賢明でしょう。

安心して利用できるサービスかどうかは、「シェアリングエコノミー協会」が発行する認証マークを取得しているかどうかも目安になるでしょう。この認証マークは、シェアリングエコノミー検討会議（事務局・内閣官房）がまとめた国のガイドラインを参考に、当協会が設定した自主ルールに適合していることを示すもの。ＩＴを介したこうしたサービスは、まだまだ発展途上だけに玉石混淆状態です。利用する側の自主防衛も必要になってくるということは覚えておきましょう。

稼ぐ目安は年金から引かれる社会保険料

厚生労働省の資料によれば、月に稼ぎたい収入は「10万円未満」と答える高齢者が多いようです。65歳以上になると過半数がそう考えているとか。

国のデータによると、収入が公的年金だけの場合、毎月6万円程度が不足するというので、その不足分を埋めるお金ということに。ただ、ここに落とし穴が。よく聞く「会社員だった夫と専業主婦世帯の年金モデルの場合、年金は約22万円」という数字はいわゆる額面の数字のことなのです。

実際には、ここから税金や国民健康保険料・介護保険料や社会保険料などが引かれます。月20万円程度の年金を受け取っている高齢者夫婦世帯では、だいたい月3万円の負

65歳以降も働く場合、在職老齢年金制度を知っておこう

年金を受け取りながら働き、厚生年金に加入している場合、報酬の金額が一定の金額を超えると受け取れる年金額が調整されます。65歳以上の場合、①老齢基礎年金（国民年金）は全額支給、②老齢厚生年金月額（図の基本月額）と、賞与を含む在職中の毎月の報酬（図の総報酬月額相当額）の合計が46万円以下なら、全額支給。③先の②が46万円を超えると、オーバーした額の半分が支給停止になります。

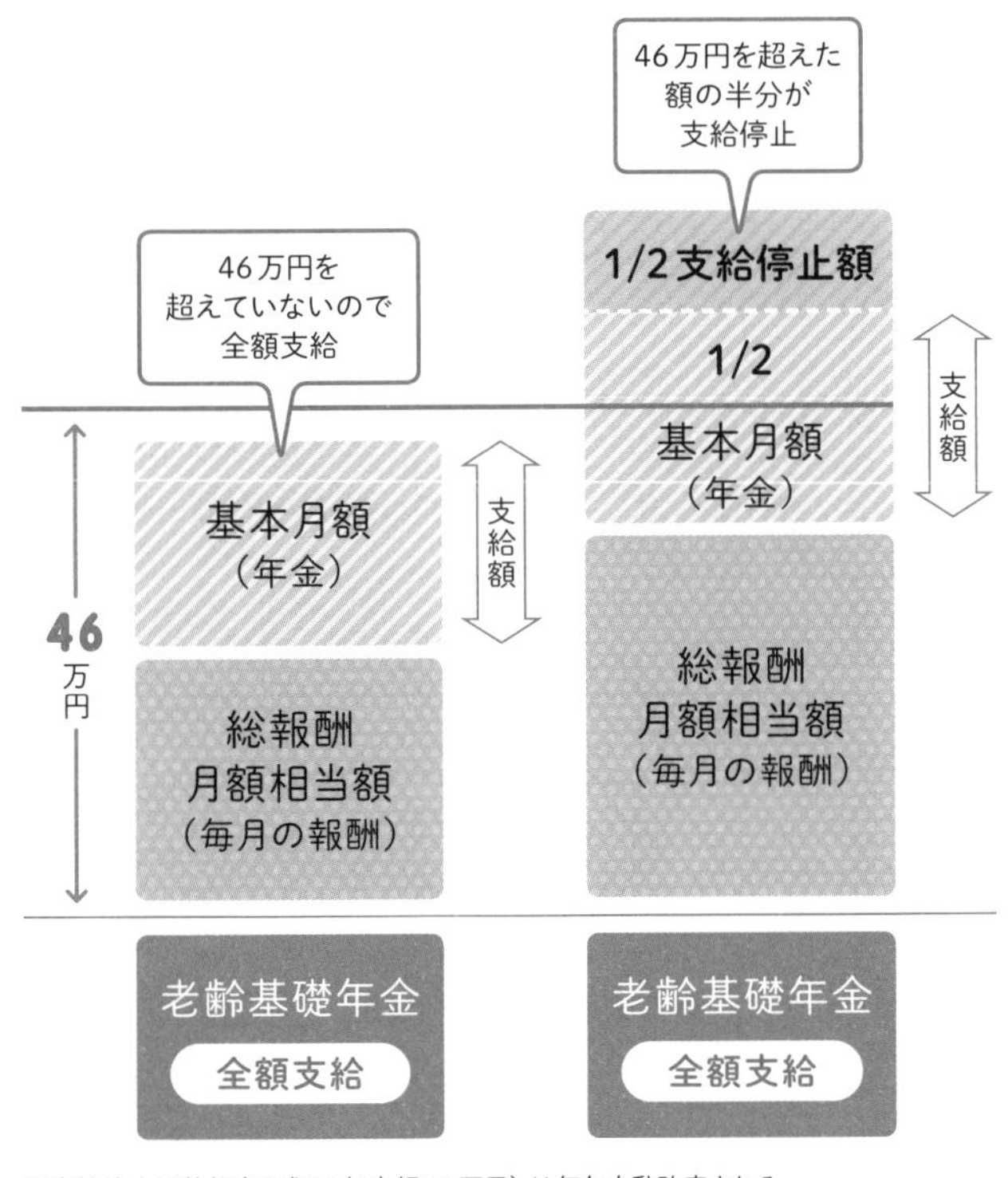

※支給停止調整額（平成29年度額46万円）は毎年自動改定される

担。受け取れる年金が多いほど、この負担額も増えていきます。年金だけで暮らそうと考えても、この目減り分を稼がないと赤字ということになってしまうのです。

国民健康保険料等は住んでいる自治体によって変わりますが、今後も負担額が増えることは予測でき、やはり節約だけでは暮らしそのものが成り立たないでしょう。

逆に、目減り分を世帯で稼ぎ、自分たちが受け取れると想定した年金額の範囲で暮らしていけば、貯蓄を取り崩さずに済みます。

また、定年後も企業に勤め、一定の年収以上働いて、その会社の健康保険に加入できれば、保険料は会社との折半になります。しかも、保険料が引かれるのは給料からなので、年金への負担はありません。また、妻など扶養家族がいる場合は、その家族の分の保険料はかかりませんから、負担はぐっと軽くなります。さらに65歳以降に就職した場合でも雇用保険に加入できるようになり、各給付金の対象になります。

ただし、給料で受け取る収入が一定以上になると、年金の支給が一部停止になります。60～64歳まででは年金と合わせた月額が28万円、65歳以上は46万円を超えると、給与額に応じて年金支給が一部カットに。

もらえるはずだった年金は後から受け取れるわけではないので、働き損にならないような注意も必要。その時になったら、年金相談窓口などで制度を確認しましょう。

住まう場所でお金の価値は変わる

言うまでもないことですが、生活コストは住む土地によって異なります。例えば東京などの大都市圏では、固定費である家賃がどうしても高くなります。その代わり、生活インフラは整っているため、車を持たなくても公共交通で移動ができます。逆に、大都市圏から離れた地方に行くと、家族人数分の車がらくらく置けるだけの広い敷地を持った家が珍しくありません。直売所で野菜が安く手に入ったり、庭の一部を家庭菜園にして食費を節約することもできそうです。ただし、大都市に比べ求人の種類は多くなかったり、あまり高い賃金は期待できないでしょう。需要と供給の面でいえば、その地域の物価やコストは、現地の収入に応じた値付けがされているはずですから、都会暮らしよりは生活費は下がる理屈になります。

お金の価値は場所によって伸び縮みします。 同じ5万円でも、大都市圏と地方都市の郊外では買えるものが異なります。先に、年金暮らし家庭では毎月6万円程度の不足が出るというデータを伝えましたが、地域によっては年金額20万円の範囲で暮らしていける場所もあります。一定の貯蓄ができたら、コストの低い地方都市で暮らすという選択も一つでしょう。これまで子育て世帯を重視していた地方も、働き手としてミドルからシニア世代を迎え入れる動きがあります。「全国移住ナビ」「ニッポン移住・交流ナビ」などのサイトを見ると、各自治体の求人状況や住まいを探すための空き家バンクの情報、また移住者の体験談などが入手できます。中には、移住お試しツアーや、長期滞在ができるお試し体験住宅などの制度がある自治体も。実際に細かい相談をしてみたい人は、東京なら相談員が常駐している「ふるさと回帰支援センター」や「移住促進センター」などを訪れるのも一つ。

現地の人にとっては当たり前すぎる地域の魅力や財産に気づけるのも移住者の強みで、地場商品の開発や体験ツアー企画などを発案して、収入を生み出すことができるかもしれません。企業に雇用されて働くだけでなく、自分のしたいこと、できることを生かしつつ、地域貢献になる働き方をする環境が整いつつあるのです。

また、移住と言ってもいわゆる田舎暮らしではなく、2時間程度で大都市に出られる近距離の地方という選択肢もあります。生活を劇的に変えたくないというなら、〝ほど

地方移住について知りたい、相談したい時

田舎暮らしへの憧れでいきなり移住、は失敗のもと。下記にある相談窓口やサイトを利用して、しっかり情報収集しましょう。

ふるさと回帰支援センター

http://www.furusatokaiki.net/

全国約850地域と連携して、地方暮らしやU・J・Iターン希望者に対し、地域の情報を提供。地方暮らしに関するパンフレットや資料を常設し、各地域の移住相談員が相談に応じている。

火～日（月・祝休み）：午前10時～午後6時
東京都千代田区有楽町2-10-1 東京交通会館8F　TEL.03-6273-4401

生涯活躍のまち　移住促進センター

http://iju-center.jp/

主に首都圏に暮らす人に対し、自分らしく最期まで安心して暮らせる、持続可能な地域（生涯活躍のまち）づくりに取り組んでいる先進的自治体への住み替えをすすめる。資金計画や「お試し居住」などのサポートも。

月～金（土・日・祝は休み）：午前10時～午後5時30分
東京都千代田区有楽町1-7-1 有楽町電気ビル南館5階　TEL.0120-154-732

JOIN（ニッポン移住・交流ナビ）

https://www.iju-join.jp/

地方移住に関する情報を集めたサイト。空き家バンク制度の説明や移住体験ツアー・セミナー情報、移住者への支援制度などもチェックできる。地方移住のイメージを掴みたい時に。
なお、「移住・交流お役立ち情報ウェブサイト集」には、北海道から沖縄まで、都道府県が作成している移住情報サイトへのリンクが張られており便利。

全国移住ナビ

https://www.iju-navi.soumu.go.jp/ijunavi/

自治体情報、就業情報などを掲載。移住体験者の声をまとめたページには、「定年後の新たな生活」というカテゴリーで、50～60代に地方で新たな生活を始めた人たちの実例も多数掲載されている。

ほど移住〟もありでしょう。

定年後の暮らしは、人生の余暇期と言ってもいいかもしれません。どう暮らすか、どこで暮らすかは自分の意志で自由に決められるのです。とはいえ、人生が100年なら50代でもまだ半分、60代でもまだ40年あまりあると考えると、ただぼんやり日々を送るのはもったいないこと。嫌なことはなるべく避け、好きなことを選んで、ほどほどに働き続け、本当に自分が価値を置くものにだけお金を使う。そう考えれば、最初にお伝えしたような使いグセのために何となくお金を使っている習慣が実にもったいないと思いませんか?

長く続く人生をずっと楽しめるように、暮らしのムダを徐々にそぎ落とし、引き締まった家計に変えましょう。そして、いつまでもお金を生み出せる経験と自信を積み立てていきましょう。それこそが、定年後も、その先もずっとあなたを守ってくれる最大の資産です。

松崎のり子（まつざき・のりこ）
消費経済ジャーナリスト。「ESSE」「レタスクラブ」等の生活情報誌の副編集長として20年以上、節約・マネー記事を担当。多くの貯蓄達人を取材した経験から貯蓄成功のポイントは貯め方よりお金の使い癖にあると分析、その視点で貯蓄・節約アドバイスを行う。雑誌やwebを中心に生活者目線で執筆中。著書に『お金の常識が変わる　貯まる技術』（総合法令出版）、『「3足1000円」の靴下を買う人は一生お金が貯まらない』（講談社）。
「消費経済リサーチルーム」https://www.ec-reporter.com/
Facebookページ　https://www.facebook.com/ecreport

ブックデザイン　後藤奈穂（draw.design）
カバーイラスト　Shu-Thang Grafix

定年後でも
ちゃっかり増えるお金術
2018年　5月16日　　第1刷発行

著者　松崎 のり子

発行者　渡瀬昌彦
発行所　株式会社　講談社
〒112-8001　東京都文京区音羽2-12-21
編集　☎03-5395-3529
販売　☎03-5395-3606
業務　☎03-5395-3615

印刷所　慶昌堂印刷株式会社
製本所　株式会社国宝社

ISBN978-4-06-221085-0